U0899183

缘缘堂书丛

陈建军　主编

子恺诗词

图书在版编目（CIP）数据

子恺诗词／丰子恺著．—北京：海豚出版社，2013.9

（缘缘堂书丛）

ISBN 978-7-5110-1440-5

Ⅰ．①子…　Ⅱ．①丰…　Ⅲ．①诗词—作品集—中国—现代　Ⅳ．①I226

中国版本图书馆 CIP 数据核字（2013）第 187203 号

书　　名：子恺诗词
作　　者：丰子恺
主　　编：陈建军

责任编辑：梅　杰　房　蓉　边海玲
美术编辑：吴光前
责任印制：于浩杰　乔懿丹

总发行人：俞晓群

出　　版：海豚出版社
网　　址：http：//www. dolphin - books. com. cn
地　　址：北京市百万庄大街 24 号
邮　　编：100037
电　　话：010 - 68997480（销售）　010 - 68998879（总编室）
传　　真：010 - 68998879
印　　刷：北京艺堂印刷有限公司
经　　销：全国新华书店及各大网上书店
开　　本：32 开（787 毫米 × 1092 毫米）
印　　张：10. 25
字　　数：100 千字
印　　数：5000
版　　次：2014 年 2 月第 1 版　　2014 年 2 月第 1 次印刷
标准书号：ISBN 978-7-5110-1440-5
定　　价：30. 00 元

前　言

丰子恺(1898—1975)是我国现代著名的漫画家、散文家、教育家和翻译家，在绘画、文学、音乐、教育、翻译、书法等领域都取得了巨大成就。其著述宏富，生前出版的各类著作共有一百五十多种。

一个不争的事实是，丰子恺的作品一直深受海内外广大读者的喜爱。为了方便读者阅读，也为了让读者能够轻松地走进丰子恺的文艺世界和精神世界，应海豚出版社之约，我们将丰子恺的文学和艺术教育类作品，按照一定的“主题”予以分门别类，汇编为《缘缘堂书丛》。本丛书分两辑推出，计有16册，具体如下：

第一辑：《子恺自传》、《子恺随笔（上）》、《子恺随笔（中）》、《子恺随笔（下）》、《子恺品佛》、《子恺游记》、《子恺童话》、《子恺故事》；

第二辑：《子恺书信（上）》、《子恺书信（中）》、《子恺书信（下）》、《子恺诗词》、《子恺日记》、《子恺书话》、《子恺谈艺（上）》、《子恺谈艺（下）》。

收入各册之中的篇章尽量避免重复，但个别篇章因其自身的重要性或特殊性，符合两个甚至多个“主题”，为了保证每册书的完整性和丰富性，只好重复收录。

本丛书以丰陈宝、丰一吟合编的七卷本《丰子恺文集》（浙江文艺出版社、浙江教育出版社 1992 年版）为排印底本，并参照原刊本或初版本，对其中个别明显的误植、别字等作了订正。此外，本丛书在整理、编辑的过程中，还充分吸收了近二十年来的研究成果，根据丰一吟先生所提供的资料和其他研究者的发现，增添了《丰子恺自述》、《个人计划》、《平生自序》、《我写文章的一些经验》、《检查我的思想》、《行路易》、《〈弥陀经〉序言》、《〈大乘起信论新释〉译者小序》等数十篇丰子恺集外佚文、佚诗和上百通佚简。我从民国期刊中翻检到的三十余则“避寇日记”，也悉数收录在《子恺日记》里。

据我所知，近几年，俞晓群先生主事的海豚出版社发心立志，邀请有关专家和学者，大规模整理、编纂丰子恺作品，已出版和正在操作之中的重大选题就有《丰子恺儿童漫画选》、《丰子恺儿童文学全集》、《丰子恺美术全集》、《丰子恺散文全集》、《丰子恺谈艺录》、《丰子恺全集》等。这是当今出版界的一件盛事、喜事和善事，也是广大丰子恺爱好者、研究者的一大福音。但愿这些作品集能早日问世！

陈建军

癸巳初春于武汉大学

目　录

浙一师学生时代诗词八首[①]

晨起见园梅飘尽口占一绝

铁骨冰心霜雪中，孤芳不与众芳同。
春风一夜开桃李，香雪飘零树树空。

溪西柳

溪西杨柳碧条条，堤上春来似舞腰。
只恨年年怨摇落，不堪回首认前朝。

春宵曲

花老无风落，阴浓过雨新。故园春色半成尘。正是

① 此八首均载浙江省立第一师范学校《校友会志》第16期（1918年秋季开学后出刊），署名：丰仁。

绿肥红瘦最伤神。

浪淘沙

百卉竞春阳，九十韶光。少年裘马自疏狂。记得小桥垂柳外，红雨沾裳。

溪水碧汤汤，越女吴艭。谁家女伴斗新妆？陌上花开归缓缓，风递衣香。

朝中措

一湾碧水小窗前，景色似当年。旧种庭前桃李，春来齐斗芳妍。　　如今犹忆，儿时旧学，风雨残编。往事莫须重问，年华一去悠然。

满宫花

荻花洲，斜阳道。一片凄凉秋早。异乡风物故乡心，镇日频相萦绕。　　桐叶落，杨枝袅。做弄闲愁闲恼。秋来春去怅浮生，如此年华易老。

减兰

他乡作客，每到春来愁如织。怕上层楼，柳暗花明处处愁。　　伤心春色，独自垂帘长寂寂。多事黄莺，百啭高枝梦不成。

西江月

百尺游丝莫系，千行啼泪难留。艳红姹紫无消息，赢得是新愁。　　故里音书寂寂，客中岁月悠悠。春归人自不归去，尽日下帘钩。

仿陶渊明《责子》诗

阿宝年十一，懒惰故无匹。
阿先已二五，终日低头立。
软软年九岁，犹坐满娘[①]膝。
华瞻垂七龄，但觅巧克力。
元草已四岁，尿屎还撒出。
不如小一宁[②]，乡下去作客。

〔1931 年〕

① 满娘，指作者之三姐丰满。
② 一宁，后改名一吟。

广洽法师嘱题弘一法师肖像

广大智慧无量德，寄此一躯肉与血。

安得千古不坏身，永住世间刹尘劫。

〔1933 年秋〕

善哉老医生

善哉老医生，处处行听诊。
摇首颦蹙言，此君患大病。

〔作于 1935 年〕

善哉老
醫生
處ㄟ行
聽診
握筒彈
感言
此君患
大病
昔年
子愷畫

避寇萍乡代女儿作[1]

儿家住近[2]古钱塘，也有朱栏映粉墙。
三五良宵团聚乐，春秋佳日嬉游忙。
清平未识流离苦，生小偏遭破国殃。
昨夜客窗春梦好，不知身在水萍乡。

〔1938 年 2 月〕

① 此诗见于作者 1938 年所写《还我缘缘堂》一文，曾载 1938 年杭州《东南日报》。

② 住近，原作：原住。

避寇中作

昨夜春风上旅楼，飘然吹梦到杭州。

湖光山色迎人笑，柳舞花飞伴客游。

楼阁玲珑歌舞地[①]，笙歌宛转太平讴。

平明角鼓催人醒，行物萧条一楚囚。

〔1938 年〕

---

① 歌舞地，原作：五云地。

豺虎入中原

豺虎入中原，万人皆失所。
但得除民害，不惜流离苦。

〔作于 1938 年〕

仁者无敌歌[①]

东邻有小国，其地实寒微。

幸傍大中华，犹得借光辉。

初通霸国术，遂尔图杀羿。

飞机兼炮火，杀人复掠地。

思以非人道，胁我神明裔。

岂知中华民，万众一心齐。

群起卫社稷，抗战为正义。

胜暴当以仁，不在兵甲利。

仁者本无敌，哀哉小东夷。

〔1938 年〕子恺于萍乡

---

① 此诗手迹配画，曾载 1938 年 5 月 5 日《少年先锋》第 6 期。

高阳台

渌江舟中[1]作

千里故乡，六年华屋，匆匆一别俱休。黄发垂髫，飘零常[2]在中流。渌江风物春来好，有垂杨时拂行舟。惹离愁，碧水青山，错认杭州。　　而今虽报空前[3]捷，只江南佳丽，已变荒丘。春到西湖，应闻鬼哭啾啾[4]。河山自有重光日，奈离魂欲返无由。恨悠悠，誓扫匈奴，雪此冤仇。

〔约 1938 年 3 月〕

---

① 在湖南醴陵附近。

② 常，又作：尚。

③ 空前，又作：空军。

④ 应闻鬼哭啾啾，应，又作：但。此句又作：但闻蝶泣花愁；或作：但闻蝶惨花愁。

后方工作毕

后方工作毕，独酌店门口。

号外有捷报，再烫一碗酒。

〔作于 1938 年 4 月〕

晚方工作畢
獨酌齋門口
號外有捷報
再喝一碗酒

廿七年四月
子愷

敌马被俘虏

敌马被俘虏，牵到后方来。
自知罪恶重，不敢把头抬。

〔作于 1938 年 4 月〕

敵馬被俘虜牽到後方來
自知罪惡重不敢把頭抬
豐子愷作

中华古国万万岁![1]

高射炮，打敌机，敌机翻落稻田里。
农夫上前捉敌人，缚住两人如缚鸡。
连声喊打动公愤，锄头铁耙齐举起。
军官摇手忙拦阻，训诫敌人声色厉：
“尔等愚痴受利用，我今恕尔非罪魁。
姑饶性命付拘禁，扫尽妖寇放尔归。”
敌兵感激俱涕零，双双屈膝田中[2]跪。
起来齐声仰天呼：“中华古国万万岁!”

〔1938 年〕子恺于萍乡

① 此诗手迹配画，曾载 1938 年《少年先锋》第 3 期。
② 作者当时曾说，“田中”系双关语。

春　晨

春晨早起傍东窗，日丽风和喜气扬。

不信彩云低护处，飞机炮火杀人忙。

〔1938 年〕

积尸数十万

积尸数十万，流血三千里。

我今亦破家，对此可无愧。

〔作于 1938 年 5 月〕

我今亦破家對此可無愧
廿七年五月子愷作

和表侄徐益藩[①]

寇至余当去，非从屈贾趋。

欲行焦土策，岂惜故园芜？

白骨齐山岳，朱殷染版图。

缘缘堂亦毁，惭赧庶几无。

〔1938年春〕

① 此诗见于作者1938年所写《劳者自歌》中“焦土抗战的烈士”一则。后作者又改写，名为《和友人悼缘缘堂诗》，见本书第25–26页。

题一九三八年画[1]

大树被斩伐，生机并不绝。

春来怒抽条，气象何蓬勃。

〔1938 年春〕

① 此诗与画作于汉口，参见作者 1938 年写的《中国就像棵大树》一文。又见 1940 年 2 月文艺新潮社版《大树画册》。

题一九三八年画

君到前线去，寄语我儿郎。

若非打胜仗，不得还家乡。

廿七〔1938〕年春子恺

和友人悼缘缘堂诗[1]

欲行焦土策，岂惜故园芜？
敌至余当去，非从屈贾趋。
白骨齐山岳，朱殷染版图。
缘缘堂亦毁，惭赧庶几无。

后　序

六年之前，我在故乡浙江石门湾，盖造一所房子，名叫缘缘堂。房屋并不富丽，更非摩登；不过多年浮家泛宅的一群家族，从此得到了一处归宿之所，自是欢喜。堂成之后，我从杜甫诗里窃取两句，自写对联，裱好挂在堂前。联曰："暂止飞鸟才数子，频来语燕定

① 载《新阵地》1938 年第 22 期，署名丰子恺。

新巢。”

去年十一月二十一日，敌兵迫近石门湾。我率眷老幼十人携行物两担，离开故乡，流徙桐庐。二十三日，石门湾失守。我军誓死抗战，失而复得。后来，得而复失，失而复得，以至四进四出。石门湾变成焦土，缘缘堂就做了焦土抗战的烈士。

我们不久又离桐庐，远行至江西萍乡，这时候方始得到被焚的消息。全家不胜惋惜。不久我们又离萍乡赴长沙。上海友人来信，赋诗吊缘缘堂，词意悲切。此时我已在沿途看见万众流离的苦况，听见前线浴血的惨闻，对自己的房屋的损失，非但毫不可惜，反而觉得安心。倘使我毫无损失，心中不免惭愧。因此我就和了他这一首诗。

幼女之愿[①]

胡骑逼我中宵走，
仓皇抛却知心友。
此友最相亲，
玲珑黏土人。
待儿年十五，
自起将旗鼓，
收复旧神州。
与君共嬉游！

① 载《民族诗坛》1938 年 9 月第 5 辑，署名丰子恺。此诗未列入原刊目录。

望江南（六首）

逃 难

逃难也，逃到桂江西。独秀峰前谈艺术，七星岩下躲飞机，何日更东归。（在桂林也）

闻警报，逃到酒楼中。击落敌机三十架，花雕美酒饮千盅，谈话有威风。（在汉口也）

逃难也，万事不周全。袍子脱来权作枕，洋火用后当牙签，剩有半枝烟。（在浙江舟中也）

空袭也[1]，炸弹向谁投？怀里娇儿犹索乳，眼前慈母已无头，血乳相和流。

逃难也，行路最艰难。粽子心中藏法币，棉鞋底里填存单，度日如经年。（在江西舟中也）

防空也，日夜暗[2]惊魂。明月清风[3]非美景，倾盆大雨是良辰，苦煞战时民。

〔1938 年 8 月 21 日〕

① 空袭也，又作：飞机也。

② 暗，又作：动。

③ 明月清风，又作：月白风清。

望江南

青春伴，一旦忽分离。隔着云烟三千里，东西两地各思惟。何日更重携?

〔1938 年〕

和贺昌群[①]

瘴乡三月乍温寒，千里书来画节看。

却羡知章归计早，到家应未见春残。

〔1939 年 4 月 22 日〕

① 贺昌群，当时亦任教于宜山浙江大学。此诗见于作者所写《教师日记》(1939 年 4 月 22 日。附贺昌群原诗：山城晓角功轻寒，欲去回头顿辔看。万里烟云归梦短，几行清泪落花残。

暴敌养汉奸[1]

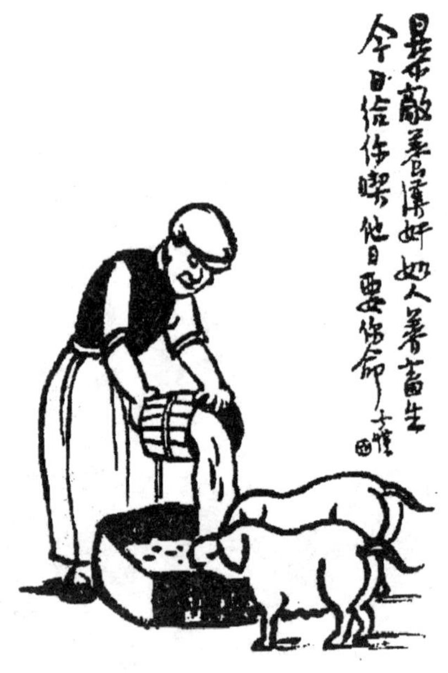

暴敌养汉奸，如人养畜生。

今日给你吃，他日要你命。

---

① 原载 1939 年 5 月 16 日《宇宙风》第 78 期。

忆江南·广州所见[1]

狂炸也，娘背乳儿逃。未到防空壕畔路，玲珑脑袋向天抛。热血怒于潮。

① 载《民族诗坛》1939年5月第3卷第1辑（总第13辑），署名丰子恺。

辞缘缘堂二首[①]

秀水名山入画图，兰堂芝阁尽虚无。
十年一觉杭州梦，剩有冰心在玉壶。

江南春尽日西斜，血雨腥风卷落花。
我有馨香携满袖，将求麟凤向天涯。

〔1939 年〕

① 此诗见于作者 1939 年 9 月 6 日在广西思恩所写《辞缘缘堂》一文。从该文中可知，此诗系“避寇五记”之小序。作者曾透露：第二首末句中“麟凤”二字系指马一浮先生。

题一九三九年画[①]

盛筵当我前，良朋坐我侧。

为念流离苦，停杯不能食。

---

① 此诗与画见1940年2月文艺新潮社版《大树画册》。

《护生画集》（第二集）[1] 诗词

一

蝴蝶儿约伴近窗飞，
不为瓶中花有蜜，
只缘听读护生诗，
欲去又迟迟。

杜蘅补题

① 《护生画集》共六集。第二集系上海开明书店 1940 年 11 月出版，其配画诗词中，署名大多用笔名，或用法名“婴行”。

二

母鸡有群儿，一儿最偏爱。

娇痴不肯行，常伏母亲背。

子恺补题

三

有一小猫，被弃桥西，饿寒所迫，终日哀啼。犹似小儿，战区流离。无家可归，彷徨路歧。伊谁见怜，援手提携。

杜蘅补题

推食

四

母鸡得美食，啄啄呼小鸡。

小鸡忽然集，团团如黄葵。

母鸡忍饥立，得意自欢嬉。

子恺补题

五

蚂蚁运粮，群策群力。

陟彼高冈，攀彼绝壁。

屡仆屡起，志在必克。

区区小虫，具此美德。

子恺补题

六

且停且停，刀下留命。

年幼心慈，可钦可敬。

东园补题

七

群鱼皆被难，一鱼独漏网。

如人遇炸弹，相距仅数丈。

如人遇炮火，飞弹拂颈项。

身逢争战苦，此情始可想。

子恺补题

八

慈心感物，有如韶武。

龙翔凤集，百兽率舞。

智颢补题

九

小小蝴蝶墓，左右种冬春。

莫作儿戏想，犹存爱物情。

东园补题

十

为人看门，为人守闾。

日夜皇皇，食人唾余。

我心如天，唯知忠义。

努力负责，不希报赐。

婴行补题

十一

独坐谁相伴，春禽枝上鸣。

天籁真且美，似梵土迦陵。

杜蘅补题

十二

耕牛虽异类，好逸与人同。

愿得星期日，闲眠杨柳风。

智顗补题

十三

墙根有群蚁，乔迁向南冈。

元首为向导，民众扛糇粮。

浩荡复迤逦，横断路中央。

我为取小凳，临时筑长廊。

大队廊下过，不怕飞来殃。

子恺补题

十四

带箭不惊，得食相呼。

灵气所钟，美德永敷。

婴行补题

十五

翩翩双飞鸟，作室高树巅。

我欲劝此鸟，迁居南窗前。

鸟说迁不得，近人心未安。

若迁窗前住，为恐人摧残。

我闻此鸟语，羞惭不可言。

誓从今日后，普结众生缘。

智题补题

十六

道旁杨柳枝，青青不可攀。

回看攀折处，伤痕如泪潸。

古人爱生物，仁德至今传。

草木未摇落，斧斤不入山。

婴行补题

十七

大树被斩伐，生机不肯息。

春来勤抽条，气象何蓬勃！

悠悠天地间，咸被好生德。

无情且如此，有情不必说。

子恺补题

十八

来时萍藻欢迎，去处水天浩荡。

临渊乐与鱼同，不必退而结网。

子恺补题

十九

海不厌深，山不厌高。

积德行仁，鸥鸟可招。

东园补题

二十

众生恶残暴，万物乐仁慈。

不嗜杀人者，游山可跨狮。

婴行补题

二十一

有麟有麟在郊野，狼额马蹄善踊跃。

不践生草不履虫，虽设武备不侵略。

子恺补题

催生诗[1]

忆昔喜弄瓦[2]，常作“小母亲”。

今待寒食[3]后，盼汝得“千金”。

〔1942年〕

---

① 此诗是作者的外孙宋菲君出生前，作者写作后寄其母——次女林先（宛音）的催生诗。

② 弄瓦，此处“瓦”与“娃”谐音，指弄女洋娃娃。

③ 预产期为寒日，故云。

癸未蜀游杂诗

蜀道

蜀道难行景色饶，元宵才过柳垂条。
中原半壁沉沦后，剩水残山分外娇。

寄长女陈宝

惟汝降生夜，新秋月正圆。
和光同德性，纯洁像心田。
廿载甘藜藿，长年共患难。
侪辈皆似尔，不用学陶潜。[①]

① 陶潜有《责子》诗。

寄长子华瞻

忆汝初龄日，兼承两代怜。
昼衔牛奶嬉，夜抱马车眠。
渐免流离苦，欣逢弱冠年。
童心但勿失，乐土即文坛。

寄幼女一吟

与汝江头别，予情独黯然。
客居春兴少，蜀道古来难。
对景思新语，当筵忆笑颜。
群儿皆隽秀，最小即偏怜。

乐山访濠上草堂[①]

蜀道原无阻，灵山信不遥。[②]

---

① 此诗写于1943年2至4月作者从重庆经泸州、自贡、五通桥去乐山看望马一浮先生时。诗题又作《乐山访濠上草堂呈马一浮先生》。

② 道次自贡，华瞻来书云，此去灵山不远，故云。

草堂春寂寂，茶灶夜迢迢。
麟凤胸中藏，龙蛇壁上骄。
近邻谁得住？大佛百寻高。

一九四三年，赴乐山访马一浮先生，回沙坪坝记录

人间到处是修罗，天地依然喜气多。
昨夜月明江水碧，今朝日暖鸟声和。

风鹤声中赴远游，满江冰雪满身愁。
如今却喜安然返，三首新诗一叶舟。

尚有空名在国中，新朋到处喜相逢。
酒酣欲把唐诗改，天下何人不识丰。[1]

---

① 1939 年 1 月作者辞桂林师范，应聘赴浙江大学任教时，当时也在桂师执教的好友傅彬然先生曾集唐人诗为之送别，其中有“天下何人不识君”之句，此处改唐诗当与傅彬然之诗有关。

乱世微躯幸苟全，随身况有满串钱。
归家应置千盅酒，先祝回春后过年。

时穷犹不辍弦歌，学子莘莘菜色多。
中有盈盈娇女子，乱头粗服像村婆。

锦屏山下客流连，蒸馍油茶胜绮筵。
他日五湖访范蠡，夜船剪烛话当年。

贺新凉[1]

七载飘零久，喜中秋巴山[2]客里，全家聚首[3]。去日孩童[4]皆长大，添得娇儿一口[5]。都会得奉觞进酒。今夜月明人尽望，但团圆骨肉几家有？天于我，相当厚。

故园焦土蹂躏后。幸联军痛饮黄龙，快到时候[6]。来日盟机千万架，扫荡中原暴寇。便还我河山依旧。漫卷诗书归去也，问群儿恋此山城否？言未毕，齐摇手[7]。

甲申〔1944 年〕中秋重庆作

---

① 此词见于作者 1947 年元旦所写《谢谢重庆》一文。曾载 1946 年 3 月 2 日《周报》（柯灵、唐弢编辑）第 26 期。

② 喜中秋巴山，又作：喜巴山中秋。

③ 聚首，又作：叙首。

④ 孩童，又作：儿童。

⑤ 娇儿一口，指作者之幼子新枚（抗战期间所生），当时七岁。

⑥ 幸联军痛饮黄龙，快到时候，又作：只相思江南风物，旧时亲友。

⑦ 在《谢谢重庆》一文中，作者认为“齐摇手”应改为“齐点首”。

友人赠红豆作诗答之

相思诗句久慵拈，异样猩红到指尖。
却羡多情俞处士[①]，常将红豆作灵签。

多感多情总是痴，中年未过鬓成丝。
明朝又是孤舟别，遍地干戈一画师。

〔1945 年〕

① 俞处士，即赠红豆之友人，名俞友清，有“红豆诗人”之雅称。

蜀游途中得双红豆寄赠宗禹[①]

相隔云山相见难，寄将红豆报平安。
愿君不识相思苦，常作玲珑骰子看。

乙酉〔1945年〕六月

子恺于隆昌

① 宗禹，指夏宗禹，又名夏景凡，系作者之晚辈好友。

成都道中闻陈宝毕业中大[1]外文系应南开中学聘率成一律寄示

雏凤新飞下翅难，近林[2]占得一枝安。
他年桃李花争发，此日椿萱意自欢。
欧美文章无毕业，皮黄清唱好偷闲。
诗成我在成都道，寄与娥眉学士看。

一九四五年七月于内江

① 中大，当时的中央大学。
② 南开中学也在重庆沙坪坝，离家很近，故曰近林。

寄阿先并示慕法菲君[①]

梦里犹闻祖母[②]香，儿时欢笑忆钱塘。
幸逃虎口离乡国[③]，淡扫蛾眉嫁宋郎。
却忆弄璋逢战乱，欣看画荻效贤良。
玉儿才貌真如玉[④]，儒雅风流世有双。

一九四五年七月于成都

① 阿先，即作者之次女林先，今名宛音；慕法，即宋慕法，林先之夫；菲君是他们的长子，当时四岁。
② 林先自幼由祖母抚养。
③ 离乡国，原作：来新都。
④ 玉，原稿有专名线，指宋玉。

《中央日报》载“三届全国大学生国文竞赛丰子恺令嫒丰华瞻得冠军”，华瞻实系男子，戏作一律示之

斯文日下逐江潮，拾芥原同夺锦标。
万木凋时新竹秀，群山低处小丘高。
鸳鸯扑朔随春水，翡翠迷离傍紫巢。
宋玉容颜多逸丽，教人错认作班昭。

一九四五年七月于内江

寄一吟

最小偏怜胜谢娘[①]，丹青歌舞学成双。
手描金碧和渲淡，心在西皮合二黄。
刻意学成梅博士[②]，投胎愿作马连良。
藤床笑倚初开口，不是苏三即四郎。

一九四五年七月于成都

① 谢娘，东晋谢安之侄女，名道韫。谢安怜其才。
② 梅博士，指梅兰芳。

同是抽丝

同是抽丝，性状各别。

蚕丝利人，蛛丝害物。

〔作于 1947 年〕

四两送年酒

四两送年酒，三千压岁钱。

莫嫌盘餐少，烽火正连天。

〔作于 1947 年〕

圣雄甘地造像

捐己利群，舍身成仁。

释迦以后，惟此一人。

香花供养，为万世祈太平。

戊子〔1948 年〕清和

丰子恺并赞

襁褓像物价

襁褓像物价，日长又夜大。

出世才三朝，看似三岁外。

〔作于 1948 年〕

题一九四八年除夕画

除夜生孩子，年龄像物价。

只隔一黄昏，忽涨一倍大。

《护生画集》（第三集）[①] 诗

一

邻家有老妪，孑然一孤身。
谁为慰孤寂？一匹白鼻豚。
夜宿妪床下，昼眠妪脚根。
晴日访友去，蹒跚到前村。

① 《护生画集》共六集。第三集系上海大法轮书局 1950 年 2 月出版，其配画诗署名均用“缘缘堂主”。

老妪一声啸，踊跃返柴门。
会意远胜狗，解语近似人。
有时坐妪膝，如祖抱幼孙。
哈哈复哮哮，宛如叙天伦。
秋旱直到冬，是年逢岁凶。
老妪生计拙，箪瓢屡屡空。
地主索租税，一刻缓不容。
老妪无奈何，卖豚与富翁。
富翁来牵豚，豚匿破笥中。
老妪仰天哭，涕泪流满胸。
邻人皆心酸，富翁耳若聋。
麻绳索豚颈，牵之过桥东。

缘缘堂主诗

二

白狗仓皇归，头顶已负伤。

喘息灶下伏，血流两耳旁。

口中虽有药，欲用苦无方。

黑狗从门入，见状大惊慌。

上前施救护，用舌舐其创。

白狗低头卧，两泪欲夺眶。

缘缘堂主诗

三

我家有猫名白象，一胎五子哺乳忙。

每日三餐匆匆吃，不梳不洗即回房。

五子争乳各逞强，日夜缠绕母身旁。

二子脚踏母猫头，母须折断母眼伤。

三子攀登母猫腹，母身不动卧若僵。

百般辛苦尽甘心，慈母之爱无限量。

天地生物皆如此，戒之慎勿互相戕。

缘缘堂主诗

四

人言家畜中，惟猫最可亲。

昼偎人怀内，夜与人同衾。

索食娇声啼，柔媚可动人。

应是仁慈种，决非强暴伦。

岂知见老鼠，面目忽狰狞。

张牙且舞爪，残杀又噬吞。

嗟哉此恶习，恐非猫本性。

老僧有小猫，自幼不茹荤。

日食青蔬饭，有时啖大饼。

见鱼却步走，见鼠叫一声。

老鼠闻猫叫，相率远处遁。

人欲避鼠患，岂必杀鼠命？

缘缘堂主诗

五

两月不归宿，尘封写字桌。

拂尘开抽屉，有物触我目：

五颗花生米，各有四只脚。

匍匐手帕中，见风皆瑟缩。

黠哉老鼠娘，借此为产褥。

我不杀汝子，汝勿占我屋。
置帕土碗中，移放东墙角。
限期今夜里，领子须从速。
夜静电灯熄，屋梁有落月。
我从微光中，静看鼠娘出。
东寻又西找，皇皇复汲汲。
行至土碗旁，其乐不可遏。
匆匆衔一子，急急进土穴。
憧憧十往来，好事方完毕。
我爱除鼠患，更爱好生德。
宁愿衣履破，不愿长杀业。

缘缘堂主诗

六

提鸡如提篮，任听鸡倒悬。鸡身苦挣扎，提者如不见。提入厨房中，杀戮任他便。遗尸登盘上，陈列称盛宴。

缘缘堂主诗

七

我作护生画，七十差一幅。

星洲广洽僧，寄我一函牍。

自言上元日，乘车访幽独。

车中有乘客，绳缚五鸡足①。

行将去割烹②，以助元宵乐。

五鸡见老僧，叩首且举目。

分明求救援，有口不能哭。

老僧为乞命，愿用金钱赎。

番币十五元，雪此一冤狱。

放之光明山，永不受杀戮。

此僧真慈悲，此鸡真幸福③。

我为作此歌，又为作④此幅。

护生第三集，至此方满足。

缘缘堂主诗

一九四九年二月一日于厦门⑤

---

① 车中有乘客，绳缚五鸡足，又作：车中有五鸡，其足用绳缚。

② 行将去割烹，又作：即将被烹斩。

③ 此僧真慈悲，此鸡真幸福。又作：一僧真慈悲，五鸡真幸福。

④ 作，又作：绘。

⑤ 诗末所署据作者手稿。

八

我家傍西湖，门对放鹤亭。

家养一匹鹅，毛色白如银。

凌晨最先起，催仆扫门庭。

晴日鶃鶃叫，告我有来宾。

有时昂然去，徘徊湖之滨。

摇摇复摆摆，归来日已曛。

阳春二三月，湖上正清明。

香车与宝马，倏如流电惊。

白鹅出门去，行路不让人。

一车疾驰过，鹅身当其轮。

倒卧血泊中，红白何分明。

行人不忍睹，儿女泪满襟。

我为收其尸，卜葬葛山阴。

封树立短碑，题曰白鹅坟。

鹅坟与鹤冢，千古相对称。

缘缘堂主诗

九

与客泛轻舟，容与在中流。

一鲤跃出水，向客怀中投。

客心甚惊异，我知鲤所求。

我作护生画，尚未将汝收。

今当多绘写，劝人勿垂钩。

客喜纵鲤鱼，好去莫回头。

缘缘堂主诗

十

垂纶称风雅，鱼向雅人哭。

甘饵藏利钩，用心何恶毒。

穿颚钻唇皮，用刑何残酷。

风雅若如此，我愿为庸俗。

缘缘堂主诗

十一

我家深山中，天空任翱翔。

暮宿青松林，朝游白云乡。

甘露任我饮，芝术充我粮。

闲来歌一曲，其乐也洋洋。

一旦为人虏，禁闭樊笼内。
俯仰不自由，旋转无余地。
苦思早还乡，恨不能奋翅。
长歌以当哭，岂向人献媚。

缘缘堂主诗

十二

日暮秋风清，一叶落我襟。

细看不是叶，赫然一蜻蜓。

左翼已破碎，右翼尚完存。

定是遭袭击，失事向地崩。

坠落在我怀，不救岂忍心。

畜之在庭园，恐被鸟雀吞。

养之在房栊，又恐蝼蚁侵。

沉吟想多时，妙计忽然生：

我有玻璃纸，坚薄而[1]透明，

裁剪而[2]胶粘，假翅亦犹真。

我口镶义齿，颇能咬菜根；

汝身装义翅，亦必能飞行。

静待胶汁干，放之在中庭。

须臾蜻蜓飞，悠然入青云。

缘缘堂主诗

〔一九四九年四月〕

① 而，又作：又。

② 而，又作：复。

十三

我欲护生物，生物相残杀。

檐角有蜘蛛，设网啖蝴蝶。

蝴蝶应解救，蜘虫不处罚。

非为有偏心，即此是仁术。

以怨报怨者，相报何时歇。

怨恨如连锁，宜解不宜结。

缘缘堂主诗

十四

动物标本中，蝴蝶美无伦。

形状何袅娜，颜色何缤纷。

谁知制造时，个个受极刑。

两针钉胸腹，不死又不生。

迟迟三日后，足节犹兢兢。

我游博物馆，归来一梦惊。

梦见诸蝴蝶，尽变女孩婴。

号哭呼父母，其声不忍闻。

缘缘堂主诗

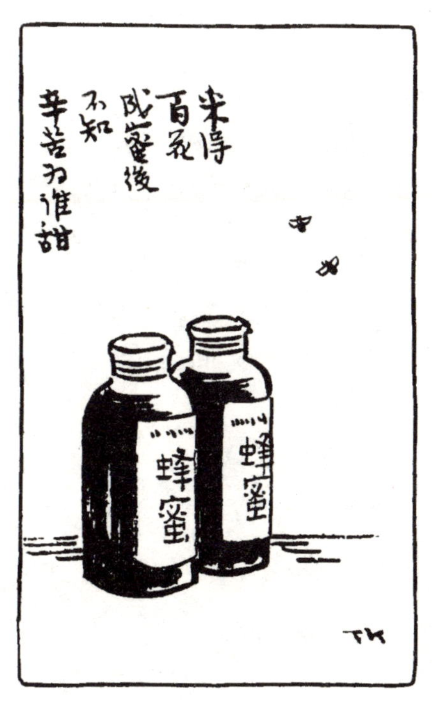

十五

昼长人寂寂，蜜蜂入我室。

飞上小明窗，欲向此中出。

窗上有玻璃，蜜蜂苦未识。

奋翅向前冲，脑伤身陨越。
眼见窗外花，其中多香蜜。
可怜钻营久，到处都碰壁。
愚哉小蜜蜂，此路不可通。
汝欲游庭院，请走此门中。
蜜蜂不解语，管自向前冲。
幸有春风来，引导出房栊。

缘缘堂主诗

十六

闲看蜗牛走，亲为筑坦途。

此君家累重，莫教步崎岖。

缘缘堂主诗

十七

阶下有小虫，蠕蠕形细长。
似蝇不是蝇，似虻并非虻。
就近仔细看，两蚁相扶将。
颇像交际舞，几步一回翔。

速取放大镜，我欲窥其详。

原来两蚁中，一蚁已受伤。

后脚被切断，腹破将见肠。

一蚁衔其手，行步甚踉跄。

不闻呻吟声，惟见色仓皇。

我欲施救助，束手苦无方。

目送两蚁行，直到进泥墙。

事过已三日，我心犹未忘。

不知负伤者，是否已起床。

缘缘堂主诗

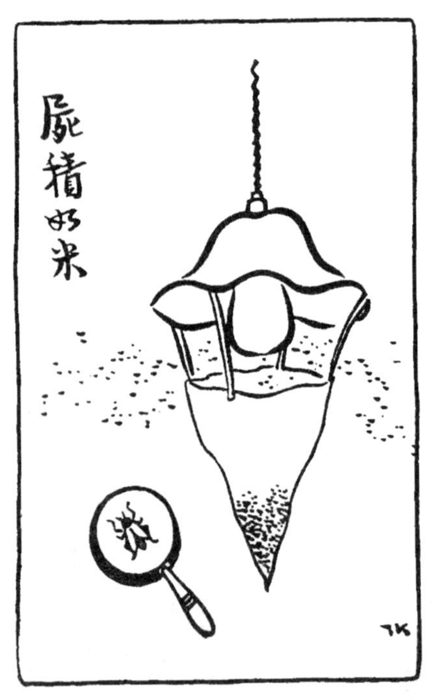

十八

西湖七月夜，飞虫拥明灯。

青青千万匹，濛濛如细尘。

纷纷堕几案，点点如繁星。

放大镜中看，一见使人惊。

百体俱完备，形似小蜻蜓。

每夜灯下死，为数亿兆京。

皇天不惮烦，滥造小生灵。

巨细虽悬殊，受命亦犹人。

缘缘堂主诗

十九

买蔬须买鲜，用水须用泉。

切笋须切嫩，选蕈须选圆。

豆腐宜久煮，萝卜宜加甜。

生油重重用，炭火慢慢燃。

不须杀生命，味美胜琼筵。

缘缘堂主诗

二十

小松植广原，意思欲参天。

移来小盆中，此志永弃捐。

矫揉又造作，屈曲复摧残。

此形甚丑恶，画成不忍看。

缘缘堂主诗

二一

一排冬青树，参差剧可怜。

低者才及胸，高者过人肩。

月下微风吹，倩影何翩翩。

怪哉园中叟，持剪来裁修。

玲珑自然姿，变作矮墙头。

枝折叶破碎，白血处处流。

缘缘堂主诗

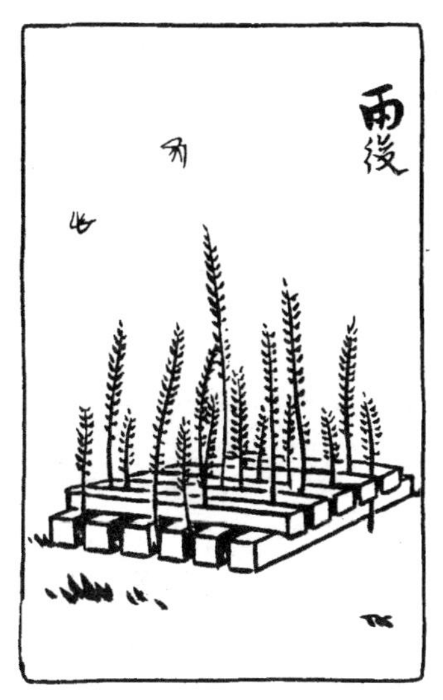

二二

谁将大木条，堆置在春郊。

青草被堆压，生机将全消。

岂知天地心，无处不好生。

一夜春雨后，木隙草头伸。

草头日夜挺，枝叶何齐整。

绘图与君看，君当发深省。

缘缘堂主诗

戏和马公愚梅花诗

当年曾住水西涯，门对孤山处士家。
常怪阳春飞白雪，原来点点是梅花。

孤芳最早发湖涯，不与群芳共一家。
待得湖滨花如锦，枝头不复有梅花。

孤山香雪隔天涯，梦里清姿到我家。
四马路旁无寸土，更从何处觅梅花。

年来学习为生涯，不作诗家或画家。
今日无端诗兴发，也来步韵咏梅花。

癸巳〔1953 年〕清明子恺

戏题一吟《凤还巢》“偷觑”摄影

为爱西皮与二簧，且施粉墨暂登场。

时人不识余心乐，将为偷闲学觑郎。

甲午立春〔1954 年 2 月 4 日〕

浣溪沙

慰郑晓沧[1]先生悼亡

苍狗白云不可凭，水光山色与人亲。诗人老去惜余春。满架图书都解语，一庭风月最关情。谁言寂寞养残生？

〔1955 年秋〕

① 郑晓沧，教育家，当时任教于浙江大学。

太阳出起光线好

太阳出起光线好，邻家姊姊来拍照。

大家脸上笑嘻嘻，只有雪人很懊恼。

〔作于 1956 年〕

一吟饰洛神[①]

神光离合，乍阴乍阳。

竦轻躯以鹤立，若将飞而未翔。

丁酉乞巧〔1957 年 8 月 2 日〕

---

① 此诗题于一吟饰洛神照片上。

一剪梅[1]

清明

佳节清明绿化城，草色青青，树色青青。室中也有绿成荫：窗上花盆，案上花盆。　　日丽风和骀荡春，天意和平[2]，人意和平[3]。人生难得两清明：时节清明，政治清明。

一九五八年于上海子恺作

① 此词曾载 1958 年 4 月 5 日《文汇报》。
② 和平，曾改：更新。
③ 和平，曾改：更新。

战鼓敲得响

战鼓敲得响，利剑在弦上。

跃进再跃进，前途无限量。

〔作于 1958 年〕

题《国庆九周年纪念》

钢铁满厂，粮食满仓。

敬祝国庆，万寿无疆。

〔作于 1958 年〕

小爸爸和小妈妈

父母有行动，儿女就模仿。

寄语父母们，要作好榜样。

〔作于 1958 年〕

回文诗二首[①]

浙江潮水似天高暮雨飘时闻客话浙江潮

送春归又梦春回蝴蝶飞回肠欲断送春归

戊戌［1958］暮春客游杭州于湖楼戏作回文诗

消闲而已　书贻宁馨欣赏　子恺

① 这是两首七言回文诗。第一句的最后四字为第二句之首，第二句的最后三字为第三句之首，第三句的最后四字为第四句之首。

一剪梅[①]

己亥清明

寒食清明放眼看，春满江南，万卉鲜妍。乍晴乍雨好耕田。沃野连天，麦浪无边。　　壅土施肥谷雨前，岁岁争先，岁岁丰年。平凡劳动着先鞭，越是平凡，越是尊严。

① 此词曾载1959年4月5日《文汇报》。

望江南[①]

全国人代、政协大会[②]书成

大团结，巩固胜长城。汉彝蒙藏维吾尔，弟兄民族一堂春。六亿一条心。

大团结，盛会集群英。报告英明多教育，发言踊跃动听闻。鼓掌如雷鸣。

大团结，民主是精神。政治协商集众思，人民代表洽群情。举手如森林。

① 此四首词曾载 1959 年 4 月 23 日《光明日报》，后被收入《“东风”旧体诗词选》（光明日报出版社 1985 年 9 月版）。

② 指全国政协第三届第一次会议。

大团结，瑞色绕京城。日月光华临国土，氤氲佳气满乾坤。万世乐升平。

一九五九，四，廿一，于新侨饭店

柳　絮[1]

五九年暮春列席怀仁堂全国人代大会，散会时与王个簃画师共拾堂前柳絮盈掬，归家珍藏，并为吟咏。

柳絮飞时大会开，怀仁堂上集英才。
崇阶末座欣忝列，拾得堂前柳絮回。

无边柳絮趁东风，飞到阶前便集中。
好似人民大团结，芸芸六亿一心同。

无边柳絮趁东风，入户穿帘瞬息中。
好似全民大跃进，云程迅速到高峰。

---

① 此四首诗系作者去北京参加全国政治协商会议第三届第一次会议并列席全国人民代表大会时所作。曾载某报，报名及写作时间待考。

非为怜才学道韫[1]，只缘爱惜此精神。

吟罢专呈王个老，可添画意与诗情？

① 道韫，指东晋女诗人谢道韫，世称“咏絮才”。

题一九五九年画[1]

依稀烛影暗摇红，曾识英姿襁褓中。

今日丁年逢盛世，鹏程万里趁东风。

“五四”四十周年书感

① 此诗与画曾载1959年5月4日《文汇报》。

观儿童画[①]

我爱儿童画，率直而天真。
用笔多明快，设色尽单纯。
题材合现实，表现富热情。
美术教育者，重视此特征。
因势而利导，进步日日新。

丰子恺一九五九年儿童节

① 此诗曾发表于某报，报名及写作时间待考。

咏松江民主中心小学儿童积肥[①]

小小儿童有志气，积肥壅土好算计！

劳动只要为人人，越是平凡越可贵。

① 此诗配画，曾收入天津少年儿童出版社 1959 年 9 月出版的《子恺儿童漫画》一书。

题《国庆十周年盛典》

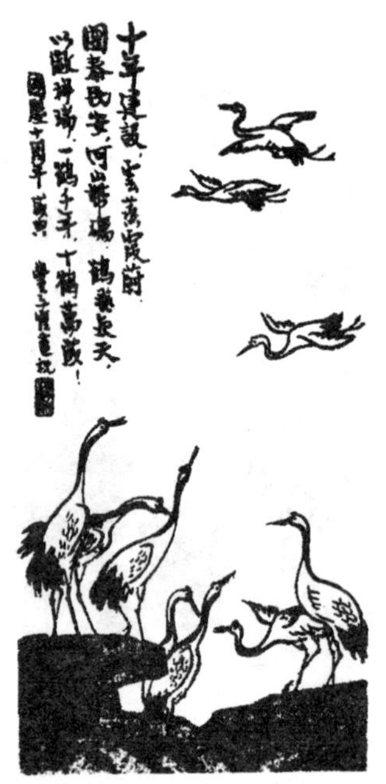

十年建设，云蒸霞蔚。国泰民安，河山带砺。鹤飞戾天，以征祥瑞。一鹤千年，十鹤万岁。

〔作于 1959 年〕

光明都市

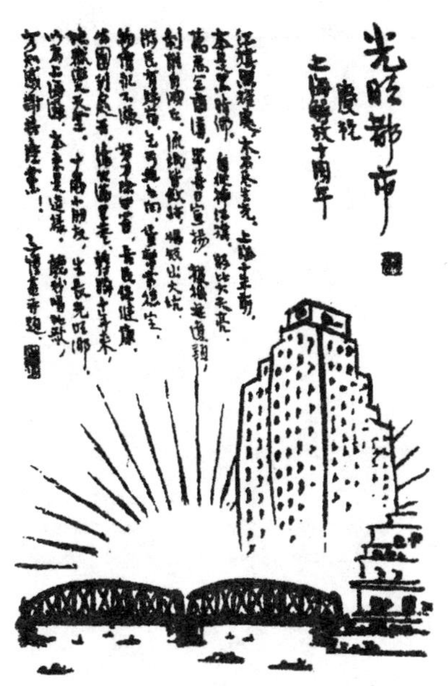

庆祝上海解放十周年

红旗照耀处，木石尽生光。上海十年前，本是黑暗乡。自从插红旗，好比大天亮。万恶全肃清，众善日宣扬。投机无遗类，剥削自灭亡。流氓皆敛迹，娼妓出火坑。游民有归宿，乞丐无去向。货币常稳定，物价永不涨。努力除四害，居民保健康。公园到处开，绿化满里巷。转瞬十年来，地狱变天堂。十岁小朋友，生长光明乡。以为上海滩，本来是这样。听我唱此歌，方知感谢共产党。

题《国庆十周年纪念》

十岁儿童福慧深，与新中国同年生。

今日荣膺少先队，他年定是接班人。

〔作于 1959 年〕

庆千秋[1]

国庆十周年[2]盛典

六亿狂欢，看十周盛典，壮丽无边。翻飞红旗蔽日，队伍连天。笙歌鼎沸，奏钧天观礼台前。呼万岁声

① 此词曾载1959年9月8日《文汇报》。

② 国庆十周年，指建国十周年国庆。

闻霄汉，从今带砺河山。　　此日金吾放夜，有琼花万朵，照耀云端。华筵嘉宾满座[①]，玉盏频传。上寿称觞，庆千秋国泰民安。应记省：年年进步，人人快着先鞭[②]！

〔1959年〕丰子恺敬颂

---

① 华筵嘉宾满座，又作：开筵灯红酒绿。

② 年年进步，人人快着先鞭，又作：直前跃进，年年快着先鞭，或：年年跃进，人人快着先鞭。

东风齐着力

国庆十周年为《东风》作

六亿同心，千钟奉祝，万岁中华。十年建设，灿烂胜云霞。处处笙歌鼎沸，红旗展舞影参差。抬望眼河山带砺，瑞色无涯。　　美景正堪夸。多雨露，欣欣万卉含葩。东风着力，吹放满庭花。展卷琳琅满目，神奇处飞动龙蛇。看今后春红秋艳，岁岁增加。

一九五九年清秋佳日丰子恺

咏广西北流县《少年之家》[①]

缝衣理发不求人，小小年纪事事能。

电气化工都会得，平凡劳动利人群。

---

① 载1959年9月天津少年儿童美术版《子恺儿童漫画》。

咏黄陂六中师生造林[①]

小小儿童见识高，造林种树有功劳。

今朝嫩叶青枝好，他日参天上碧霄！

① 载 1959 年 9 月天津少年儿童美术版《子恺儿童漫画》。

咏上海虹口区第一中心小学红领巾乐器厂[①]

课余自制凤凰箫，小小年纪心工巧。

一枝献给贤领袖，箫中吹出和平调。

---

① 载1959年9月天津少年儿童美术版《子恺儿童漫画》。

春天日子长

春天日子长，大家早起床。

约伴上学去，东方看太阳。

〔作于 1960 年〕

回文绝句[①]

一炉香细论文章，逸兴长留春夜静。

送春归又梦春回，蝴蝶飞回肠欲断。

浙江潮水似天高，暮雨飘时闻客话。

满山红叶舞秋风，雁叫空愁人不见。

子规啼月小楼西，烟草低迷魂欲断。[②]

碧桃花落月西斜，处士家门临野水。

夕阳红树泣西风，花影重重闻玉笛。

一春愁恨不登楼，散尽忧思君不见。

妒花风雨打残红，绿树浓阴沉暮色。

满汀芳草映纱窗，蝶过墙东风细细。

---

① 此十二句都属于“环复回文”形式。例：“一炉香细论文章，逸长留春夜静。”可以演绎为：“一炉香细论文章，细论文章逸兴长。逸兴长留春夜静，留春夜静一炉香。”以下诗句规则，可以类推。

② 以上作于己亥年（1959 年）。

月明楼上有清讴，解我愁思将进酒。

绿杨村女善弹筝，一曲新歌声婉转。①

① 以上作于庚子年（1960 年）。

题《百泉竞流》画①

百泉竞流，异途同归。

百花齐放，共仰春晖。

庚子〔1960年〕小春

① 此诗与画曾载1962年3月29日《文汇报·笔会》“十二年来上海美术作品展览会”专辑。

题一九六〇年画[1]

清明种杨柳，柳条细如丝。
他年大杨树，今日手中枝。

一九六〇年子恺画

① 此诗与画曾载1960年4月5日天津《少年儿童画报》。

生产全面大跃进

生产全面大跃进，到处传来报喜讯。欢呼声和拍手声，收音机里闹盈盈。家家户户听广播，男女老幼同欢欣。保证继续大跃进，人民幸福年年增。

〔作于 1960 年 5 月〕

满庭芳

上海中国画院成立

彩笔生花，丹青竞秀，艺园自古辉煌。优良传统，源远溯流长。人物曹衣吴带，山水夸北李南王。三千年古为今用，进步永无疆。　　无双。新中国申江画院，展幕堂皇。看红旗影里，满目琳琅。图写河山锦绣，为人民祖国争光。争进取，百花齐放，岁岁满庭芳。

〔1960 年〕

自制望远镜[①]

自制望远镜，天空望火星。

仔细看清楚，他年去旅行。

① 载 1960 年 6 月 1 日《新民晚报》。

中华儿女好精神

中华儿女好精神，三面红旗一手擎。

今日已戴红领巾，他年定是接班人。

〔作于 1960 年〕

儿童节上天气清

儿童节上天气清，三朵红花志欢庆。

一朵庆祝总路线，一朵庆祝大跃进。

再献一朵齐声赞：人民公社好繁盛！

〔作于 1960 年〕

画赞[1]

技进于道，画有箴训。

图写胜景，描绘英俊。

阐明真理，表彰懿行。

辅佐教化，是亦为政。

万紫千红，催人画兴。

笔墨有声，丹青如镜。

楮上毫端，时时跃进。

勉旃勉旃，学无止境[2]。

〔1960 年〕上海中国画院成立纪念日　丰子恺

---

① 此诗曾载 1960 年 6 月 21 日《解放日报》。

② 学无止境，又作：鼓足干劲。

上海中国画院成立纪念书感[①]

中国绘画源流长，劳动人民之所创。
反映生活符现实，鼓舞精神效力强。
末世画风恶衰歇，优柔萎靡以颓唐。
徒夸依样画葫芦，脱离现实元气丧。
解放以后整文风，确定方针明立场。
结合政治与生产，画道始得复健康。
迁出温床植大地，饱餐雨露与阳光。
会当努力爱春华，东风浩荡永繁昌。

〔1960 年〕

① 载 1960 年 6 月 21 日《解放日报》。

题一九六〇年画①

桂子飘香割稻忙，满城丁壮竞下乡。

儿童也解供收获，争学成人运稻粮。

庚子中秋过后子恺画并题

① 载1960年10月30日《文汇报》。

大搞农业

大搞农业，五谷丰稔。

经济发展，基础稳定。

欢腾雀跃，庆祝国庆。

〔1960 年〕

除夜点红灯

除夜点红灯，明年大跃进。

除夜挂彩球，明年大丰收。

〔作于 1960 年〕

为眉春[1]命名

愿得娇娃望眼穿，今朝喜见小眉弯。

殷勤写就芳名帖，待汝垂髫娱晚年。

一九六一年一月廿四日缘缘堂主人酒后作

① 眉春（现名丰春杨），作者次女宛音的第四个孩子，前三个皆男孩。

题一九六一年春节画[1]

瑞雪映晴空，儿童塑雪翁。

雪翁开口笑，预祝大年丰。

辛丑〔1961 年〕春节子恺并题

① 此诗与画曾载 1961 年 2 月 15 日《人民日报》。

迎春乐

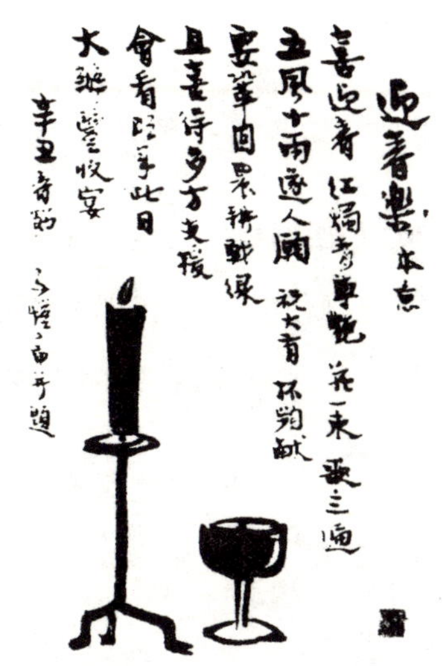

本意

喜迎春，红烛青尊艳。花一束，歌三遍。五风十雨遂人愿。祝大有，杯频献。　　要巩固农耕战线，且喜得多方支援。会看明年此日，大办丰收宴。

辛丑〔1961 年〕春节子恺画并题

题一九六一年画[1]

水仙纯洁腊梅香，红烛迎春乐未央。

二十四番风信里，百花齐放好春光。

辛丑〔1961 年〕春节子恺并题

① 此诗与画曾载 1961 年 2 月 14 日《光明日报》。后以“辛丑春节”为题，被收入《“东风”旧体诗词选》（光明日报出版社 1985 年 9 月版）。

欢度春节[①]

欢度春节，喜气洋洋。
访问好友，和乐一堂。
表演技艺，笑声满场。
爱读好书，意义深长。
弹琴唱歌，声音悠扬。
欢度春节，身心健康。

① 载于1961年2月15日《青年报》。

歡度春節 喜氣洋洋
訪問好友 和樂一堂
表演技藝 笑聲滿場
愛讀好書 意義深長
彈琴唱歌 聲音悠揚
歡度春節 身心健康

迎春爆竹响千家[1]

迎春爆竹响千家，共祝新春百物华。

五谷丰登蔬果熟，枣如瓜与瓜如车。

---

① 载 1961 年 2 月 15 日《解放日报》。

红花两朵插牛头

红花两朵插牛头，辛丑新春应属牛。

祝你今春耕种好，风调雨顺庆丰收。

〔作于 1961 年〕

门前有大树

门前有大树，种来几十年。根深枝干强，花叶颜色鲜。

春夏绿阴好，秋冬果实甜。树下小朋友，幸福真无边。

我们爱大树，大家来保卫。培养要勤谨，除草勿忘记。

人人都努力，个个皆勉励。大树年年高，青青千万岁。

〔作于 1961 年〕

风波历尽太阳升

風波歷盡太陽升
此日中流自在行
舵手英明划手健
齊心協力向光明

一九六一年七一節前 子愷

风波历尽太阳升，此日中流自在行。

舵手英明划手健，齐心协力向光明。

〔作于 1961 年〕

弥陀学校[1]建校六周年暨新图书馆落成纪念志庆

海外传灯已六秋，门墙桃李夸星洲。
勤施法雨莲生钵，妙转圆音石点头。
楼阁千寻轮奂美，图书万卷古今收。
年年六月南风好，遥祝慈航德业优。

辛丑〔1961 年〕清和于海上日月楼

---

① 弥陀学校在新加坡，为广洽法师所创办。

游黄山欣逢双喜[1]

结伴游黄山，良辰值暮春。
美景层层出，眼界日日新。
奇峰高万丈，飞瀑泻千寻。
云海脚下流，苍松石上生。
入山虽甚深，世事依然闻。
息足听广播，都城传好音。
国际乒乓赛，中国得冠军。
飞船绕地球，勇哉加加林！
客中逢双喜，游兴忽然增。
掀髯上天都，不让少年人。

辛丑〔1961年〕上巳于文殊院

---

① 此诗曾载1961年4月30日上海《解放日报》，又见于作者1961年5月11日所写《上天都》一文。

今朝儿童节

今朝儿童节，散会归来早。

糖果与豆荚，送给小宝宝。

豆荚自己种，滋味特别好。

〔作于 1961 年〕

天气清和人快活[①]

天气清和人快活，赛船欢度儿童节。

用力用力齐用力，追过前船争第一！

① 载 1961 年 6 月 1 日《体育报》。

庆祝儿童节[1]

庆祝儿童节，礼物一大盘。

妹妹乒乓球，哥哥飞行船。

乒乓夺冠军，飞船上青天。

---

① 载 1961 年 6 月 1 日《西安晚报》。

清平乐[①]

儿童节

良朋咸集，欢度儿童节。天气清和人快活，个个兴高采烈。　　唱歌拍手声中，饼干糖果香浓。邀请公公列席，祝他返老还童。

辛丑〔1961 年〕儿童节

① 此词在 1961 年 6 月 1 日《光明日报》发表时，作者曾配以画。该词后被收入《“东风”旧体诗词选》（光明日报出版社 1985 年 9 月版）。

江西道中作[①]

望江南[②]

南昌

南昌好，八一建奇勋。饮水思源怀烈士，揭竿起义忆群英。青史永留名。

南昌好，美景百花洲。秋水长天风袅袅，闲云潭影日悠悠。行客欲长留。

① 1961 年 9 月 1 日，作者随上海政协参观团去江西，访问南昌、赣州、瑞金、井冈山、抚州、景德镇等地，道中作词数首。此五题曾载 1961 年 10 月 8 日上海《解放日报》。

② 此词见于作者 1961 年 10 月写的《化作春泥更护花》一文。

菩萨蛮[①]

赣州

郁孤台上秋风袅，虔州圣地双江抱。草木尽生光，山川万里香。　　崆峒眉样秀，章贡眼波溜。沃野绿无边，穰穰大有年。

瑞金[②]

闻道瑞金好，雄名震四方。
当年鏖战地，今日富饶乡。
红井千秋泽，青山百世芳。
功成遗迹在，抵掌话沧桑。

井冈山[③]

革命摇篮地，瞻观获益丰，

① 此词见于作者1961年10月9日写的《有头有尾》一文。
② 此诗见于作者1961年10月6日所写《饮水思源》一文。
③ 此诗曾由作者配画《井冈山瞻观图》，载1961年10月24日《光明日报》。

山容千种秀，哨口五边封。
大井风光好，茨坪气象雄，
读书三十载，不及一游功。

中秋宿抚州吊汤显祖墓

中秋夜泊[①]临川城，美酒佳肴感盛情。
夜静蟾光窥枕畔，也来慰问远游人。[②]
文章桥畔吊词人，重上归车感慨深[③]。
一路水吟风啸里，依稀仿佛牡丹亭。

菩萨蛮[④]

西华山钨矿

西华山上秋光好，西华山里钨金宝。生产量惊人，环球莫与京。　　列车穿矿穴，索道横空碧。日照满山明，红旗色更新。

---

① 夜泊，又作：作客。

② 此诗有另一稿：临川客舍过中秋，月饼莲羹芋艿头。夜静推窗望明月，清光似比故乡幽。

③ 作者之友郑晓沧曾将“感慨深”三字改为“孺慕深”。

④ 此词曾载 1981 年 7 月号《西湖》杂志。

鱼头鱼尾羹①

赣州有名菜，鱼头鱼尾羹。

我爱此佳肴，教育意味深。

有头必有尾，有叶必有根。

有始必有终，坚决不变心。

革命须到底，有志事竟成。

我爱此意义，多吃一瓢羹。

辛丑新秋参观江西
革命根据地游赣州登八境台②

负笈迢迢胜地游，关山易越不须愁。

双江合处三山艳，八境台前五岭幽。

---

① 此诗见于作者 1961 年 10 月 9 日所写《有头有尾》一文。

② 此诗曾载 1961 年 9 月 17 日《赣南日报》（后又载 1981 年 7 月号《西湖》杂志），见于作者 1961 年 10 月 9 日所写《有头有尾》一文。当时一位名陈锐的七十八岁老人口吟一首七绝前来欢迎，作者步陈锐韵而作此诗。附陈锐原诗如下：济济群贤集上游，登临消尽古今愁。江分章贡滩声急，雨洗崆峒景色幽。文化千年留胜迹，物资八面集虔州。烽烟销仗东风力，世界和平不用忧。

樟木钨沙多[①]特产，英雄战士壮名州。

地灵人杰天时好，远大前程永勿忧。

丰子恺未定草

景德镇[②]

沿郊厂宇似森林，景德陶瓷盖世名。

买得彩纹杯盏去，从今茶饭有精神。

金风送爽碧天高，赣北秋光分外娇。

长忆浮梁风景好，赤栏杆外柳千条。

浣溪沙

途中[③]戏作

饮酒看书四十春，酒杯长满眼长明，年年贪看物华新。

但愿天天多乐事，不妨日日抱儿孙，最繁华处作闲人。

---

① 多，又作：皆。

② 此二诗见于作者 1961 年 10 月 10 日所写《赤栏杆外柳千条》一文。后又载 1981 年 7 月号《西湖》杂志。

③ 途中，指作者随上海政协参观团访问江西各地后回沪途中。

饮酒看书四十秋，功名富贵不须求，粗茶淡饭岁悠悠。

彩笔昔曾描浊世[①]，白头今又译《红楼》[②]，时人将谓老风流。

〔1961 年〕

和王守仁忘归岩诗[③]

石屋何轩敞，坐憩[④]心情好。
雕像满四壁，如入群仙岛。
身在忘归岩，谁肯归去早？
仰卧石床上，碧天净如扫。

〔1961 年〕

---

① 描浊世，原作：登画苑。

② 《红楼》指《源氏物语》。——作者原注。

③ 此诗见于作者 1961 年 10 月 9 日所写《有头有尾》一文，后又载 1981 年 7 月号《西湖》杂志。忘归岩在江西赣州。附王守仁原诗如下：青山随地佳，岂必故园好？但得此身闲，尘寰亦蓬岛。西林日初暮，明月来何早？醉卧石床凉，洞云秋风扫。

④ 坐憩，又作：息足。

日月楼秋兴诗

袅袅秋风起，高楼日月长。

窗明书解语，几净墨生香。

丛菊迎朝日，寒蝉送夕阳。

夹衫新得宠，团扇渐相忘。

软玉灯前静，青纱帐里凉。

长河低入户，明月近窥窗。

一枕寻新梦，三杯入醉乡。

诗情秋更逸，何用惜春光？

辛丑中秋后三日〔1961年9月27日〕子恺

君匋长征印谱[1]

长征神圣地，印谱永流传。

此是燕然石，纪功亿万年。

〔1961 年 10 月〕子恺题

① 《长征印谱》为金石书画家钱君匋所作，1962 年 7 月由上海人民美术出版社出版。

为春晖中学四十周年校庆作[1]

东风浩荡百花明，白马湖畔气象新。
今日莘莘群学子，他年尽是接班人。

〔1961 年〕

① 1961 年 12 月浙江上虞白马湖春晖中学 40 周年校庆时，作者以二立轴相赠，其一为画，另一即此诗。

观上海戏剧学校实验剧团演《杨门女将》赠演员诸君

杨门女将胆气豪，上海演员才艺高。
红氍毹上显身手，千万观众尽折腰。
天生男女本平等，巾帼英雄青史昭。
吴宫交战传佳话，木兰从军夺锦标。
妙手轻身善表现，舞台壮气冲云霄。
髫龄小将敢冲锋，百岁太君不辞劳。
我观此剧频兴奋，填胸荡气如怒潮。
三次谢幕犹不归，欲为诸君解战袍。

〔约 1961 年〕

除夕立春[1]

三面红旗照眼明，
无边美景属人民。
天公也爱东风好，
未到新正已立春。

① 载1962年2月4日《解放日报》，据手迹影印，署名子恺。

代自序[①]

阅尽沧桑六十年，可歌可泣几千般。
有时不暇歌和泣，且用寥寥数笔传。

泥龙竹马眼前情，琐屑平凡总不论。
最喜小中能见大，还求弦外有余音。

也学欧风不喜专，偏怜象管与蛮笺。
漫言此是新风格，尝试成功自古难。

当年惨像画中收，曾刻图章曰速朽。
盼到速朽人未老，欣将彩笔绘新猷。

① 见于《丰子恺画集》（上海人民美术出版社 1963 年 12 月版）卷首。

天地回春万象新，百花齐放百家鸣。

此花细小无姿色，也蒙东风雨露恩。

壬寅〔1962 年〕小春于上海日月楼

十杯春酒贺新春[①]

一杯春酒庆春回，老幼人人笑开口。
五谷丰登粮食足，无穷幸福一起来。

两杯春酒祝春生，处处炼钢火焰明。
六亿人民齐动手，千余万吨早完成。

三杯春酒正春光，打鼠熏蚊处处忙。
众手同来除七害，人民从此保安康。

四杯春酒喜春长，识字拼音学习忙。
所有文盲齐开眼，读书看报写文章。

① 此组诗 1962 年 4 月 16 日作于北京。

五杯春酒正春深，红化思想绿化城。
处处窗前花满树，家家门口绿成荫。

六杯春酒爱春天，吃饭穿衣不用愁。
从此无须受冻馁，人民公社是家园。

七杯春酒惜春光，工毕都来上食堂。
柴米油盐菜酱醋，开门七事不须忙。

八杯春酒赏春情，托儿有所母安心。
游戏唱歌都教会，阿姨更比阿妈亲。

九杯春酒听春歌，敬老院中乐事多。
鳏寡孤独人何在？唯见寿翁与寿婆。

十杯春酒话春欢，春日欢情话不完。
赖有英明共产党，春光永驻在人间。

大会竹枝词

启　程

专车直驶沪京间，乍暖轻寒[①]二月天。
行矣临窗重回首，杏花春雨好江南[②]。

民族饭店

琼楼玉宇迫云霄，席梦思中客梦遥。
室中暖气如蒸笼，门外春风似剪刀。

素席

白饭青蔬一席同，比丘居士尽英雄。
就中更有英雄在，七指尼僧[③]誓愿宏。

① 轻寒，原作：还寒。
② 好江南，原作：满江南。
③ 沈阳比丘尼逝波烧三指供佛，故曰七指尼僧。——作者原注。

大会

无遮大会喜重开，五族贤才[①]出席来。
瞻仰台前毛主席，全场鼓掌似春雷。

报告

语重心长四座惊，千方百计为民生。
集思广益多长策[②]，协力同心事竟成。

小组

一杯香片一枝烟，北调南腔说[③]不完。
组长频频窥手表，秘书走笔记难全。

---

① 贤才，原作：贤能。
② 长策，原作：良策。
③ 说，原作：话。

溥仪

浩荡仁风普万方，群生有幸乐黄唐。

故宫帝子今何在？列席人民大会堂。

归车

专车一列远来迎，车上吴音入耳亲。

春笋豆苗滋味好，恍疑身在沪江滨。

一九六二年四月出席全国政协作于北京

《在延安文艺座谈会上的讲话》发表二十周年纪念书感寄《美术》杂志[①]

创作先须稳立场，丹青事业为谁忙？
名花从此辞温室，移植平原遍地香。

创作源泉何处寻？人民生活最关心。
繁红一树花千朵，无限生机在此根。

思想长兼技术长，士先器识后文章。
芝兰朴素香千里，毒草鲜妍弃路旁。

名言至理可书绅，艺苑逢春气象新。
二十年来多雨露，百花齐放百家鸣。

---

① 此组诗见于作者1962年所写《我作了四首诗》一文，该文曾载当年5月13日《解放日报》。

蒲松龄像赞

留仙才高，聊斋名美。

笔墨生花，文思如绮。

块垒满胸，化作狐鬼。

万口流传，猗哉伟矣！

一九六二年十月为山东淄博蒲松龄

故居保管委员会作画像并赞

蒲松齡畫象

留仙才高
聊齋名美
筆墨生花
文思如綺
魑魅滿胸
化作紙兜
萬口流傳
猗哉偉矣

據康熙年江南朱湘鱗所寫象改作
壬寅小春 豐子愷畫并贊

琉璃塔

琉璃塔内大藏经，千年古物世所珍。

妙谛真言四千卷，辉煌灿烂无等伦。

日寇侵入洪洞县，觊觎宝藏起贼心。

一九四二春三月，调兵遣将来劫经。

力空方丈闻消息，护法心坚不惜身。

冒险冲过封锁线，飞速来报八路军。

八路军队连夜发，抢救国宝为己任。

九十担箩装不尽，再包土布九丈零。

日寇追兵凌晨至，沁源山中起战争。

保得藏经退得寇，壮烈牺牲有八人。

经书移藏太行山，日夜保护煞费心。

抗战胜利旋解放，国宝始得见光明。

今日北京图书馆，经库林立焕然新。

千年古物犹完好，文化宗教光彩增。

烈士在天应含笑，老僧护法终遂成。

如果琉璃塔有知，亦将感谢八路军。

一九六二年十一月

妙真和尚嘱画并题

邮递员①

单车飞驶绿衣仙，袋里乾坤到处传。

日日带来消息好，若非胜利即平安。

丰子恺诗画

① 此诗画系为《大公报》“三百六十行赞”栏所作，载 1963 年 1 月 11 日该报。

春节人人乐

春节人人乐，我吃鱼一条。

年丰谷仓满，防鼠有功劳。

〔作于 1963 年〕

理发师[①]

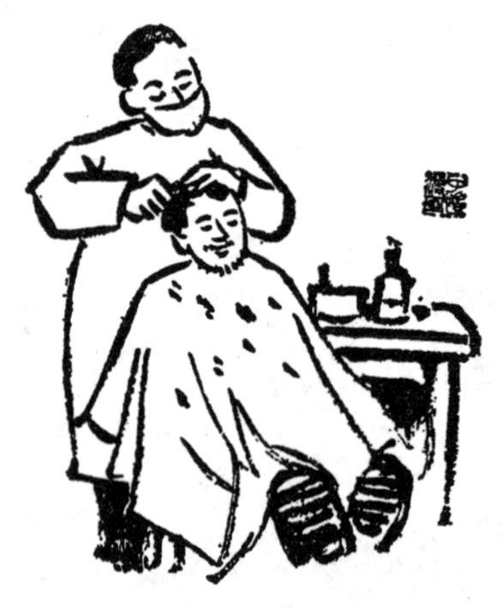

凭君妙手造容颜，老汉还成美少年。

面目一新心地好，不须搔首问青天。

丰子恺诗画

① 此诗画系为《大公报》“三百六十行赞”栏所作，载 1963 年 2 月 15 日该报。

癸卯春游杂咏

宁波

旧地重游万象春，江楼握手尽新朋。
妙高台址高千丈，不及宁波待客情。

天童寺

翠竹长松一径深，千年古刹焕然新。
玲珑岩上风涛壮，尽是升平韶濩音。

普陀[①]

寺寺烧香拜跪勤，庄严宝岛气氤氲。
观音颔首弥陀笑，喜见群生乐太平。

---

① 此首与下一首《佛顶山》见于作者 1963 年清明节所写《不肯去观音院》一文。

佛顶山

一别名山五十春，重游佛顶喜新晴。
东风吹起千岩浪，好似长征奏凯声。

一九六三年三月

定海

定海渔场十里开，沈家门口舰成排。
罐头滚滚随潮去，外汇年年逐浪来。
五月黄鱼多似藻，三春紫菜碧于苔。
挂帆客子频回首，水国风光好画材。

〔一九六三年三月〕

修鞋工[①]

感谢良工手艺高，缝来鞋子最坚牢。

遵行大道无忧惧，站稳脚跟不动摇。

丰子恺诗画

① 此诗画系为《大公报》“三百六十行赞”栏所作，载 1963 年 3 月 29 日该报。

题一九六三年劳动节画①

大哥种树二哥帮，小妹溪头汲水忙。

燕子也知劳动好，衔泥衔草上高梁。

一九六三年劳动节子恺并题

① 此诗与画曾载 1963 年 5 月 1 日《大公报》。

《周末报》创刊十四周年纪念[①]

水流海外，源在山中。

饮水思源，共仰东风。

丰子恺画贺

① 此诗配画，载香港《周末报》1963年6月22日第25期。

六万万人共一家

六万万人共一家，清秋佳节乐无涯。

今朝国庆看烟火，明日中秋赏月华。

〔作于 1963 年〕

癸卯秋游杂咏

镇江

金山塔顶赏晴秋，眼底长江入海流。
遍地黄金香稻熟，千门万户庆丰收。

多景楼头眼界宽，秋光似水水如天。
江山本自多娇色，插上红旗分外妍。

扬州

万福闸前气象雄，运河新辟舰艨艟。
金风十里扬州路，从此年年庆岁丰。

朝辞北固与金焦，暮上扬州廿四桥。
浩荡东风多雨露，西湖虽瘦也苗条。

一九六三年十月游镇扬作

瑞雪映晴空[①]

瑞雪映晴空，儿童塑雪翁。

雪翁开口笑，预祝大年丰。

① 载 1963 年 12 月上海人民美术版《丰子恺画集》。

庭前生青草[1]

庭前生青草，杨柳挂长条。

新鲜空气里，功课温得好。

---

① 载 1963 年 12 月上海人民美术版《丰子恺画集》。

船里看春景[1]

船里看春景，春景像画图。

临水种桃花，一株当两株。

---

① 载 1963 年 12 月上海人民美术版《丰子恺画集》。

燕子没有手[①]

燕子没有手，自己会做窠。

衔泥又衔草，全不怕辛苦。

① 载1963年12月上海人民美术版《丰子恺画集》。

天气正晴明[1]

天气正晴明，大家去游春。

排队登高山，最小最先登。

① 载1963年12月上海人民美术版《丰子恺画集》。

题张景安刻砚

旭日东升，遍地光明。
亿万同胞，共庆升平。
百花齐放，百家争鸣。
奋发图强，自力更生。
事在人为，有志竟成。
砚石一方，山骨云根。
妙手镌来，旭日一轮。
祥云叆叇，瑞鸽飞鸣。
年风国昌，此乃象征。
恭缀短语，窃比于汤之盘铭。

〔1963 年冬〕

题《东风浩荡》画[1]

未飲屠蘇已立春
青松頂上見風箏
東風浩蕩長空碧
直上雲霄萬里程
甲辰春節 子愷

未饮屠苏已立春，青松顶上见风筝。

东风浩荡长空碧，直上云霄万里程。

甲辰〔1964 年〕春节子恺

① 此诗与画曾载 1964 年 2 月 13 日《大公报》。

题《历史人物》画[①]

算命、测字

移风易俗，弃旧更新。

破除迷信，普利民生。

算命测字，瞎说无凭。

问道于盲，笑煞万人。

迷信之害，从来不浅。

人人觉悟，其害自免。

历史人物，一去不返。

描写入画，以博一粲。

〔1964 年 4 月〕

① 此诗与画曾载 1964 年 4 月《大公报》。

题一九六四年画

太平盛世寿年延，八十仙翁体力全。

不为自身求享乐，老来种竹与人看。

题《前人种树后人凉》画[1]

先人后己是应当，舍己为人乐更长。

看得利人如利己，前人种树后人凉。

子恺甲辰〔1964 年〕作

---

① 此诗与画曾载 1964 年 4 月 18 日《大公报》。

题《结婚登记》画[1]

蝶恋花开月正圆，结婚登记两心欢。

堂堂政府良缘证，远胜花轿与喜筵。

甲辰〔1964 年〕子恺

① 此诗与画曾载 1964 年 5 月 7 日《大公报》。

题《周末报》创刊十五周年画

三五良宵月满廊，清辉皎洁出东方。
问渠哪得明如许，只为遥承旭日光。

〔1964 年 5 月〕

题红雨润心庐诗词稿[①]

酱园工友爱吟诗，偶得新题句入时。

莫道小花人不察，东风雨露本无私。

〔1964 年〕

---

① 红雨润心庐诗词稿之作者朱南田，为丰子恺作品之爱好者，友人。

致巴拿马人民[①]

鸾巢岂可被鸦占！

不驱强徒誓不甘！

天下人民齐拥护，

巴拿马快着先鞭！

① 载《文汇报》1964 年第 14 期，署名丰子恺。

广洽法师之像[①]

佛顶童颜，寄迹人间。
跨海云游，随寓而安。
宏法利生，广结胜缘。
薝蔔[②]花好，益寿延年。

〔1966 年〕

① 广洽法师为新加坡佛教总会前主席，系作者之方外挚友。该像曾载广洽法师所编《子恺漫画及其师友墨妙》（新加坡胜利书店 1983 年版，非卖品）一书。

② 广洽法师在新加坡的寓所名“薝蔔院”。

廣洽法師造象

佛頂童顏 寄跡人間
跨海雲遊 隨處而安
宏化利生 廣結勝緣
薝蔔飄馥
益壽延年

豐子愷造并贊

谁言争战地[①]

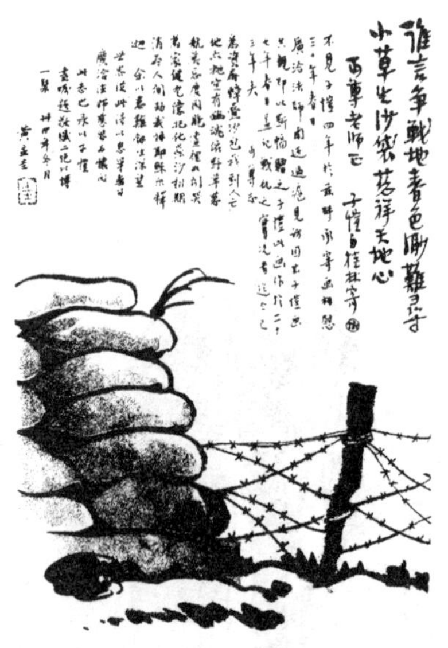

谁言争战地，春色渺难寻。

小草生沙袋，慈祥天地心。

---

① 载释广洽编 1983 年新加坡版《子恺漫画及其师友墨妙》。

《护生画集》（第五集）[①] 诗

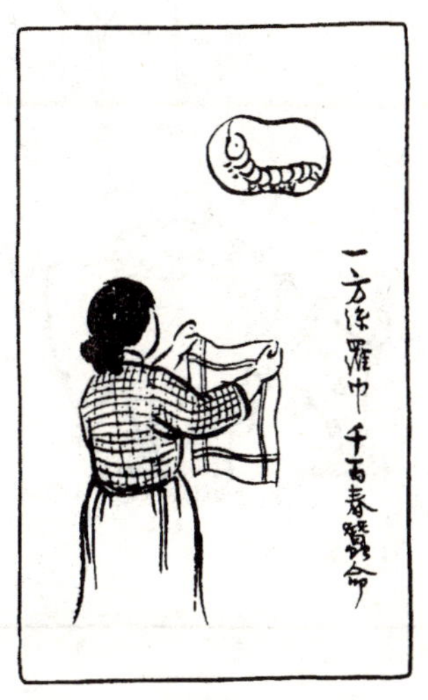

一

仙家住处绝尘寰，也厌人间杀业添。

自织藕丝衫子嫩，可怜辛苦赦春蚕。

玉鬘诗

① 《护生画集》共六集，第五集系新加坡薝蔔院1965年9月出版，其配画诗中，有44首为丰子恺所作。所用笔名，大多是作者六十年代初期翻译、1982—1983年出版的日本长篇小说《源氏物语》中的人物名。

二

日长耕作罢，闲步晚风前[1]。

牛背安眠好，春郊草味鲜。

缘缘堂主人诗

辛丑〔1961 年〕暮春[2]

---

① 晚风前，又作：晚凉天。

② 此诗配画，曾载 1961 年 6 月《人民日报》，诗末年代系发表时所署。

三

翩翩新来燕，双双入画楼。

叨借椽间住，茶饭不相求。

娇儿戏庭前，莫将金弹投。

狸猫穿花阴，与汝素无仇。

和爱共相处，美景可长留。

阳春布德泽，万物皆悠游。

藤壶诗

四

群蚁运粮食，驿路多缭绕。

行行重行行，历尽崎岖道。

渐近蚁穴边，有人来打扫。

扫入畚箕内，携向桶中倒。

群蚁命如何，下文无人晓。

冷泉诗

五

蜜蜂嗡嗡飞，频扑玻璃窗。

不知玻璃坚，但慕窗外光。

此路原不通，何苦费力量。

我告蜜蜂言，左门通回廊。
蜜蜂不听话，碰壁力转强。
行将效触柱，头破流脑浆。
求生不顾死，可笑亦可伤。
快把窗子开，放他还故乡。

胧月夜诗

六

一猫生二子，相貌都很好。

儿童放学归，大家争来抱。

母猫紧紧跟，口中咪咪叫。

好似声声说：“还我小宝宝！”

小君诗

七

古瓶插鲜花，供在窗棂侧。

闲来供观赏，怡然意自得。

谁知花瓶下，原有蚂蚁穴。

瓶底当穴口，孔道被阻塞。

群蚁正运粮，有家归不得。

负重团团转，四面无从入。

穴中亦有蚁，盼待心正切。

欲出寻伙伴，无门不得出。

一段狼狈事，无人注意及。

谁能行方便，移瓶开蚁穴。

缘缘堂主人诗

八

滩边有大蚌，其壳厚且坚。

潮平浪静时，展壳望青天。

若有暴敌来，立刻紧闭关。

自谓有保障，生命得安全。
谁知东邻儿，拾贝来滩边。
瞥见一大蚌，止步笑颜开。
俯身如拾芥，取蚌投竹篮。
提篮回家转，先把炉灶燃。
投蚌入沸汤，任他受熬煎。
蚌死人自乐，共赞汤味鲜。

缘缘堂主人诗

九

有肴名腰花，猪猡之肾肠。

有肴名羊尾，绵羊之膀胱。

有肴名猪脑，猪猡之脑浆。

顾名思义时，投箸不能尝。

光源诗

十

儿童玩知了，长线系蝉腰。

缚在窗棂上，欲飞不能高。

猫儿欲捕蝉，蝉儿苦难逃。

试看此景象，谁人不心焦。

五节诗

十一

笼中畜大鱼，浸在河岸边。

河流深且广，活水来源源。

专待嘉宾至，烹鱼荐时鲜。

此鱼似死囚，刑期尚未宣。

亲友来探牢，再见恐无缘。

夕雾诗

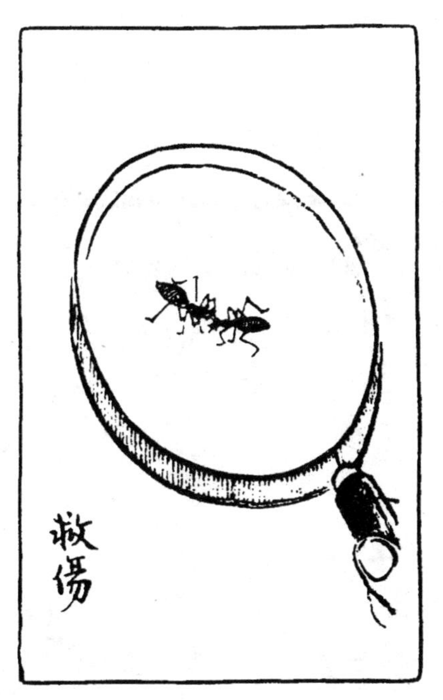

十二

写完新诗篇，搁笔独闲吟。

忽见书案角，有物正移行。

似蚁不像蚁，似蝇不是蝇。

俯首仔细看，景象令人惊：
两蚁相扶掖，蹒跚向墙阴。
一蚁已受伤，肢体正挛痉。
二蚁衔其足，努力向前进。
急欲扶回家，回家好养病。
小虫知互助，此情甚可敬。
始信含识者，无不具人性。

缘缘堂主人诗

十三

吁嗟汝小狗，行步何彳亍。

近前仔细看，一足常屈曲。

应是贪口食，惨遭棍棒扑。

人为万物灵，狗是小牲畜。

狗无大罪过，何必刖其足。

狗伤不足道，人心太残酷。

惟光诗

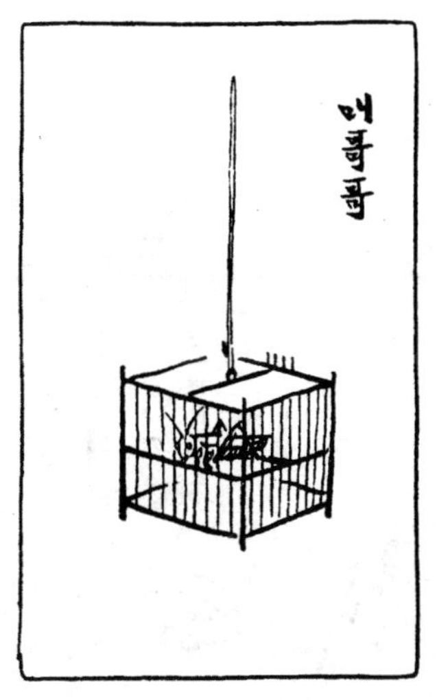

十四

捉得叫哥哥，禁闭在竹笼。

爱听嚁嚁声，悬之在画栋。

日久兴阑珊，饮食忘记供。

虫身苦饥渴，奄奄不能动。

欲死不即死，比死更苦痛。

饿养众生者，罪比杀生重。

红梅诗

十五

牛奶味鲜美，营养人之身。

牛皮用途广，制品坚且精。

牛角与牛骨，工业之所珍。

自己不吃饭，终身事农耕。

牛为人服务，可谓忠且勤。

不敢讨功劳，但求免死刑。

十六

我是小白兔，寄居在人群。

身上有长毛，质比羊毛精。

年年被人剪，日日产量增。

织成线衫裤，衣被及群生。

夺我身上暖，我决不怨人。

但愿屠刀锋，免得试我身。

惟光诗

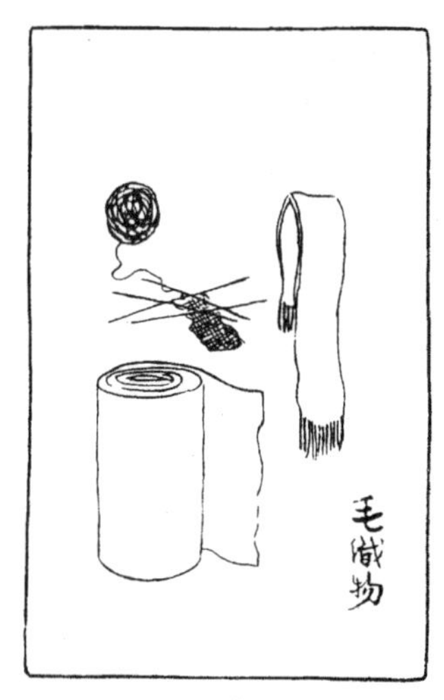

十七

人身之衣，羊身之毛。

呢绒哔叽，到处畅销。

比棉温暖，比绸坚牢。

人人爱用，产量丰饶。

羊之于人，可谓功高。

何以报之？一把屠刀。

董君诗

十八

蜻蜓蝴蝶两飞忙，扑叶穿花翅尽香。

枝上莺啼交燕语，声声歌颂好春光。

花散里诗

十九

桐花零落李花开，点点飞红衬碧苔。

地僻家贫人不到，双双瓦雀入门来。

桐壶诗

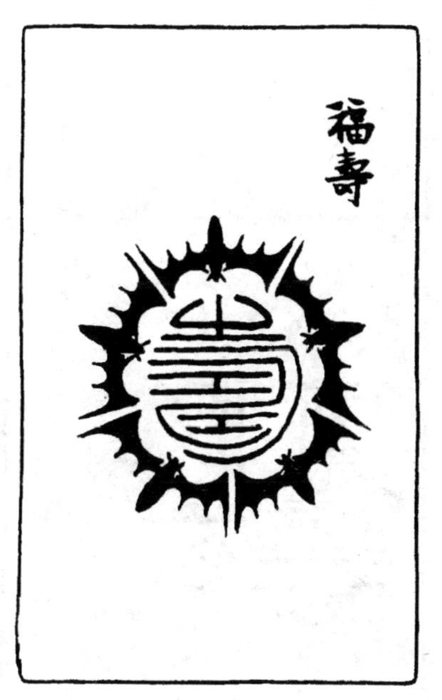

二十

蝙蝠栖古屋，蛰伏过三冬。
春夏乘夜出，翩翩飞碧空。
不食人间粟，为人除害虫。
人人应爱惜，此蝠与福同。

藤壶诗

二一

黄梅时节绿成荫，贪看青山坐小亭。

蓦地云腾时雨降，阿黄[1]衔伞远来迎。

胧月夜诗

① 阿黄，指黄狗。

二二

蠢蠢毛虫丑，娇儿莫杀伤。

春来化彩蝶，点缀好风光。

明石诗

二三

闲院畜双鸭，雌雄常相逐。

主人勤照拂，不忘喂与浴。

只为酬佳节，肥鲜可果腹。

明日是中秋，人笑鸭应哭。

红梅诗

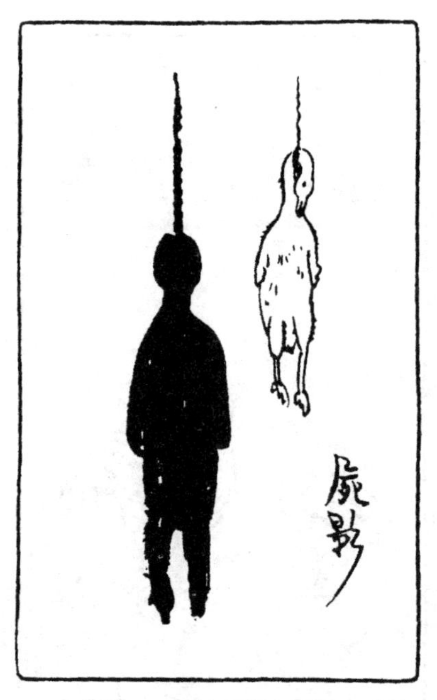

二四

娇娃忽惊呼，有人正悬梁。

原来是鸭尸，映着电灯光。

轩端荻诗

二五

千百年来席上肴，杀鸡不必用牛刀。

可怜背上生双翅，不会高飞上碧霄。

云居雁诗

二六

白鹅是英雄，阔步大道中。
望见汽车来，昂首又挺胸。
司机忙刹车，不敢冲其锋。
白鹅奏凯归，躯躯复喁喁。

夕颜诗

二七

燕语莺啼蝶舞忙，氤氲佳气好春光。

黄蜂频扑秋千索，为爱娇娃纤手香。

葵姬诗

二八

捉得金铃赏好音，琉璃小笼巧装金。

金铃奏罢无聊赖，遥梦秋郊草露坪。

秋好居士诗

二九

谁家稚子太无聊，偷把长竿毁雀巢。

雀命区微人不惜，童心残忍罪难消。

夕颜诗

三十

老驴羸瘦颈皮穿，车重坡高欲上难。

多谢路人垂爱惜，肯将一臂挽车栏。

夕露诗

三一

放学归来早，慈母相见欢。

替儿挂书包，劝儿吃糕团。

忽见书包上，有蚁正盘旋。

皇皇如丧家，急急如求援。

此蚁家何在？家在课桌边。

偶然出门游，爬上书包缘。

被我带着走，道路几万千。

我已安抵家，此蚁还家难。

蚁亦有慈母，正在望儿还。

不见儿归来，望眼将欲穿。

念此心不安，糕团难下咽。

连忙用纸匣，请蚁居其间。

持匣返学校，送蚁还家园。

小君诗

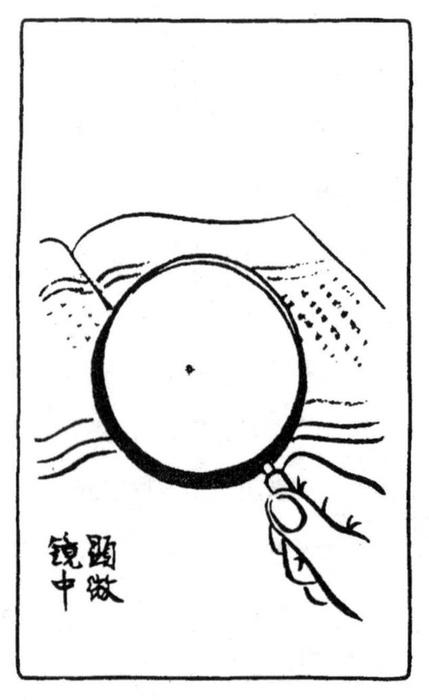

三二

闲来展诗篇，随意恣讽咏。

忽见书页上，有物蠕蠕动。

其色如墨点，其小如针孔。

显微镜下看，一看心头竦。

此乃一生命，形似小甲虫。

百体具完备，头角何峥嵘。

急忙向前走，皇皇如有营。

躯体虽甚小，秉命与人同。

清风翻书页，小虫忽失踪。

纵浪大化中，不知其所终。

缘缘堂主人诗

三三

道旁有二柳，枝叶何稠密。

八月飓风吹，一柳当腰折。

光干一二丈，立尽三冬雪。

谁知春风来，干上嫩芽出。

行人皆歌颂，天地好生德。

朱雀诗

三四

一群牵牛花，含笑向朝暾。

艳色交清露，鲜妍爱杀人。

须知群花命，寄托在一根。

一旦根断绝，花叶皆凋零。

此花虽藐小，象征人世情。

明石诗

三五

有人患奇病，连日睡昏昏。

神经失知觉，饮食不能吞。

全赖葡萄糖，注射静脉针。

艳艳瓶中花，亦犹此病人。

花叶虽完好，枝下已无根。

用茎吸养料，苟且延残生。

浮舟诗

三六

窗前瓦缝里，生长一茎草。

嫩叶何青青，长枝何窈窕。

迎风勤拜舞，映日如微笑。

全靠雨露恩，供给滋养料。

此草何名称，我也不知道。

但喜天地间，欣欣生意好。

落叶诗

三七

一丛牵牛花，生在粉墙旁。

攀缘竹钉头，渐渐爬上墙。

竹钉已爬尽，生意正未央。

花蔓在空中，摇曳向秋光。

好比无依儿，歧途独彷徨。

冷泉诗

三八

一朵蒲公英，生在深山中。

花瓣金黄色，枝叶绿青葱。

当路亭亭立，含笑向春风。

忽有游山客，大步登高峰。

芒鞋脚力重，花枝当其冲。

丽质尽摧残，美景一场空。

落叶诗

三九

蓬飞更作回风舞，菊萎犹开卧地花。

秋尽草根烧不死，春来枯木又生芽。

阿阇梨诗

送广洽上人

乙巳〔1965年〕深秋上人自星洲返国共扫弘一大师塔墓临别赋赠

河梁握别隔天涯，落月停云殢酒怀。

塔影山光长不改，孤云野鹤约重来。

游湖州途经嘉兴

嘉　兴

三十年前此地游，暗云笼罩古城愁。

如今再到经行处，处处红旗映画楼。

湖州郭西湾翻水站

千秋事业郭西湾，翻水功成抗自然。

从此苕溪无旱涝，浙中岁岁庆丰年。

飞英塔宾馆

飞英塔前小勾留，宾至如归客舍幽。

鱼米丰饶沽酒美，人生只合住湖州。

丙子阳春重游湖州　参观王一品笔庄并书

生花诗人梦，杀敌快如刀。

千载文房宝，湖州一品高。

〔1966 年 3 月〕

贺新枚结婚[①]

香阁气氤氲，佳期逢小春。
山盟铭肺腑，海誓守心魂。
月黑灯弥皎，风寒被自温。
向平今愿了，美酒进千樽。
美酒进千樽，当筵祝意深。
相亲如手足，相爱似宾朋。
衣食当须记，诗词莫忘温。
胸襟须广大，世事似浮云。

---

① 新枚，作者之幼子。此诗附在作者致新枚信中，但未署写作年月。另有一首五律，诗末署 1967 年 11 月。本诗疑为在此五律基础上改写后补寄给新枚的。现将该五律附录于下：喜气满新房，新人福慧双。山盟铭肺腑，海誓到肝肠。月黑灯弥皎，风狂草自香。向平今愿了，美酒进千觞。

送新枚赴石家庄[1]

结缡才四旬，忽作分飞鸟。
幸汝犹未去，伴我数昏晓。
我身婴时艰，披星从公早。
日暮登归车，翘盼家门道。
喜汝倚闾望，相见先问好。
扶老入我室，披襟散烦恼。
把酒话沧桑，熏烟助欢笑。
此景不可常，分携期将到。
愿汝赴前程，琴瑟早协调。
但得团圆乐，频将好事报。

---

① 作者幼子新枚 1964 年于天津大学毕业后，分配在上海科技大学外语进修部进修，1966 年毕业时适逢“文革”，遂在家等候分配，1968 年被分配至河北石家庄华北制药厂当工人。1967 年 12 月新枚与沈纶在沪匆匆完婚后，沈纶即回天津工作，新枚于次年 4 月离沪赴石。此诗见于新枚所藏手迹。

我有养生术，七十如年少。

汝今入世途，万事心欲小。

胸襟须宽广，达观以为宝。

诗中多乐地，醉乡不知老。

同心而离居，千金躯善保。

他日重相见，先把孙儿抱。

〔1967 年 5 月〕

回文五绝三首[①]

其一

春晚惜花落，夜寒忆远人。

灯孤照小阁，梦短客惊心。

其二

明月映原野，草花舞细风。

人闲爱美景，客老栖孤松。

其三

杯酒酌新岁，片鱼与笋干。

飞灰绕小阁，烛短映前栏。

① 此三首作于“文革”时期，是在丰子恺写给新枚的小纸条上发现的。此回文五绝属于“通体回文”，顺读倒读皆成优美篇章。例：心惊客短梦，阁小照孤灯。人远忆寒夜，落花惜晚春。

病中口占

风风雨雨忆前尘，七十年来剩此生。

满眼儿孙皆俊秀，未须寂寞养残生。

〔1970 年 2 月〕

小羽[①]

小羽生四月，小脸极可爱。
父母各一方，形似三角恋。
小羽叫妈妈，泪界桃花脸。
妈妈在天津，如何听得见？
小羽叫爸爸，声音一连串。
要向石家庄，播送无线电。
安得缩地方，千乡如一县。
天下有情人，朝夕长相见。

〔1970 年〕

---

① 1970 年 2 月，作者患中毒性肺炎在上海淮海医院病床上作此诗。当时作者幼子新枚在石家庄，其妻沈纶在天津，小羽为新枚与沈纶之子，时在上海外婆家。此诗见于 1970 年 3 月 15 日新枚母致新枚信之反面，字迹歪斜潦草。

病中作[1]

岁晚命运恶，病肺又病足。

日夜卧病榻，食面又食粥。

切勿诉苦闷，寂寞便是福。

① 此诗见于作者1970年6月中旬某日致幼子新枚信。

浣溪沙[①]

春去秋来岁月忙，白云苍狗总难忘，追思往事惜流光。　　楼下群儿开电视，楼头亲友打麻将（从俗音），当时只道是寻常。

〔1970 年〕

① 作者 1970 年 6 月 28 日晨致幼子新枚信中附有此词之手稿。

红楼杂咏

调笑转踏

一

温柔乡里献殷勤，唇上胭脂醉杀人。
怕见荼蘼花事了，芳年十九谢红尘。
前尘影事知多少，应有深情忘不了。
青春少妇守空房，怅望王孙怜芳草。
　　芳草，王孙杳。应有深情忘不了。
　　怡红院里春光好。个个花容月貌。
　　青峰埂下关山道。归去来兮趁早。

二

工愁善病一情痴，欲说还休欲语迟。
绝代佳人憎命薄，千秋争诵葬花诗。

花谢花飞春欲暮，燕燕莺莺留不住。
潇湘馆外雨丝丝，不见绿窗谢鹦鹉。
　　鹦鹉。向谁诉。燕燕莺莺留不住。
　　如花美眷归黄土。似水流年空度。
　　红楼梦断无寻处。长忆双眉须锁。

三

芬芳人似冷香丸，举止端详气宇宽。
恩爱夫妻冬不到，枉教金玉配良缘。
空房独抱孤衾宿，且喜妾身有遗腹。
怀胎十月弄璋时，只恐口中也衔玉。
　　衔玉，因缘恶。空房独抱孤衾宿。
　　红楼梦断应难续。泪与灯花同落。
　　小园芳草经年绿。静锁一庭寂寞。[1]

① 以上三首《调笑转踏》在1970年7月16日致新枚信中为七绝。

七绝（三十一首）

一

满眼儿孙奉太君，大观园里乐天伦。
何当早赴西方去，家破人亡两不闻。

二

揽权倚势爱黄金，笑里藏刀爱里憎[①]。
不信侯门深闺女，贪赃枉法杀良民。

三

阿翁荡产治丧殡，爱媳哀荣殊可惊。
云雨巫山香梦断，应随警幻证无生[②]。

四

尘世何来槛外人，天生丽质在空门。
早知纯洁终难保，悔不当初[③]学智能。

---

① 爱里憎，原作：毒害人。
② 应随警幻证无生，又作：烧残蜡炬见灰心。
③ 当初，原作：当年。

五

猩红巾子定终身，往事依稀感慨深。
记否良宵花解语，山盟海誓付烟云。

六

禁门深锁绮罗人，暂释还家号省亲[1]。
一自捉将官里去，从兹骨肉永离分。

七

三尺红罗[2]一命休，贞魂还倩可卿收。
青鸾有意随王母，空费人间设计谋[3]。

八

娇娘枉自夸英明，慧眼原来不识人。
可恨狂童无信义，鸳鸯剑下走芳魂。

九

温柔敦厚爱和平，豆蔻年华作小星。
风去台空尘世改，玉堂春色属斯人。

十

芙蓉仙子谪红尘，貌比嫦娥胜几分。

---

① 省亲二字原加引号。
② 红罗，原作：红绫。
③ 设计谋，原作：一计谋。

抱病补裘情万丈，含嗔撕扇笑千金。

十一

妒火中烧杀气腾，自家置毒自家吞。

阴谋未逞身先死，笑杀大观园里人。

十二

醋海风波万火牛，钩心斗角设阴谋。

可怜玉貌花容女，夜半吞金一命休。

十三

夫人何事爱憎偏，不责狂童责小鬟。

满腹含冤无处诉，辘轳井底好长眠。

十四

迷离扑朔不分明，情到深处假亦真。

一陌纸钱和泪化，幽明不隔两痴人。

十五

窃喜妖婆法术灵，幸灾乐祸假装颦。

阴谋左道终须败，枉费金钱白费心。

十六

为官清正也抄家，教子严明未足夸。

肠断荒江停泊处，潸潸别泪洒江花。

十七

倾盖遂成知己亲，只因笑貌似伊人。

勾魂鬼卒匆匆到，泪眼相看诀别情。

十八

夜半北风刺骨寒，满身粪秽出头难。

春蚕到死丝方尽，红粉髑髅看不穿。

十九

不宠无惊一老刘，何妨食量大如牛。

朱门舞歇歌休后，娇小遗孤赖我收。

二十

尽忠救主立功劳，小卒无名本姓焦。

马溺代茶终不忘，黄汤灌饱发牢骚。

二一

花阴石畔两相怜，亲上加亲宿世缘[1]。

可叹尘寰生路绝，双棺同穴大团圆。

二二

不爱人间富贵全，炼丹服食慕神仙。

误吞药石捐躯壳，升入玄穹第几天。

---

① 宿世缘，原作：是宿缘。

二三

身世飘零逐柳花，狂夫轻薄不思家。
学诗也有惊人句，咏絮才高自可夸。

二四

青灯黄卷度芳龄，手上糖多逗引人。
莫怪情[①]郎轻薄甚，春风一度了前因。

二五

反复无常一小人，时人错认作豪英。
双刀逼得红颜死，畏罪潜逃没处寻。

二六

口没遮拦笑语和，入门高唤爱哥哥。
醉眠石药花深处，花比红颜胜几多。

二七

纤纤玉手善丹青，敷粉调朱点染勤。
只恐繁华随逝水，拟将彩笔驻秾春。

---

① 原稿中“情”字旁有一“秦”字，“情”与“秦”发音近似，有双关之意。

二八

母子相依物力穷，罗衫单薄怯西风。

妾身未嫁衣先去，质入夫家典当中。

二九

仗财倚势杀良民，缧绁之中贿赂行。

慈母悍妻贤妹子，为君愁恨为君颦。

三十

阿嫂何须枉费心，小生决不效陈平。

钟情自有邢家妹，不解人间别有春。

三一

双双对坐守园门，木石心肠也动情。

谁道我辈清白甚，近来也想配婚姻。（石狮）

〔1970 年〕

俞友清（迂叟）惠诗四绝步原韵奉和[①]

生平旧习苦难捐，饮酒喝茶又吃烟。
盛世黎民多幸福，光天化日度长年。

从小不知荤腥味，青蔬白饭胜莼鲈。
酒酣耳热毛锥痒，写幅东风浩荡图。

老去情怀信可知，友红豆室主人诗。
流离蜀道音尘隔，往事依稀各自思。

---

① 附俞友清癸丑（1973 年）12 月 21 日《岁暮怀丰子恺于上海》原诗：人越古稀万念捐，病来服药已除烟。明年七五刚开始，还是输君仅一年。记得山城同作客，身居闹市忆莼鲈。昔年旧画依然在，爱煞寒窗课读图。多年违别寸心知，落叶停云懒写诗。寒士人情无物赠，一双红豆寄相思。投老胸怀百感频，儿孙革命为农民。问君新稿今成未，当作梅花寄故人。

日饮三杯不算频，最繁华处作闲民。

平平仄仄荒疏久，步韵歪诗笑煞人。

癸丑大寒〔1974 年 1 月 20 日〕子恺

题胡氏合家欢照片[①]

最小才八天，最老八十九。

胡氏合家欢，世间真少有。

乙卯〔1975 年〕春节子恺题

① 胡氏，指作者的师侍弟子胡治均。

题于梦全藏鲍月景[①]先生《百子图》

多福多寿多男子，华封三祝古人重。

百子济济入画图，神来之笔写神童。

今日门墙桃李花，他年翠柏与苍松。

月景画师百子图

乙卯〔1975 年〕清和月〔农历四月〕

缘缘堂主人题

① 于梦全，为作者的乡亲、世交。鲍月景，浙江桐乡人，工笔人物仕女画家。

崇德县立第三小学校歌[①]

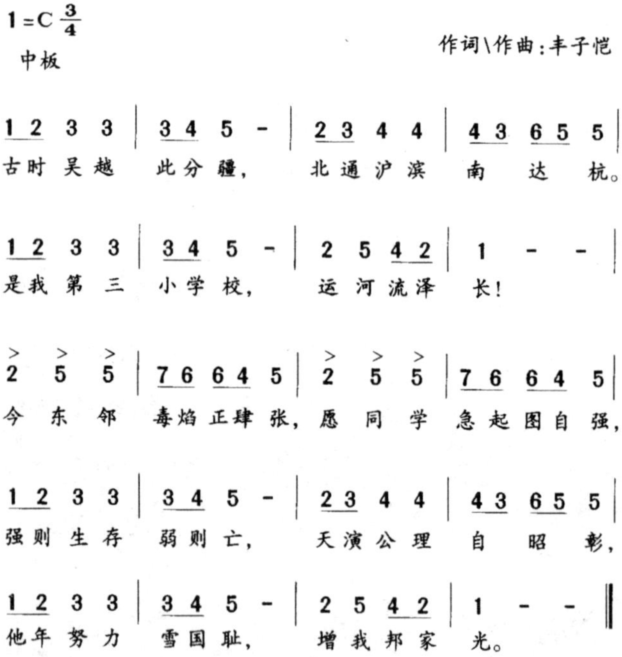

1=C $\frac{3}{4}$

中板

作词\作曲：丰子恺

1 2 3 3 | 3 4 5 - | 2 3 4 4 | 4 3 6 5 5 |
古时吴越 此分疆， 北通沪滨 南 达 杭。

1 2 3 3 | 3 4 5 - | 2 5 4 2 | 1 - - |
是我第三 小学校， 运河流泽 长！

2 5 5 | 7 6 6 4 5 | 2 5 5 | 7 6 6 4 5 |
今 东 邻 毒焰正肆张， 愿 同 学 急起图自强，

1 2 3 3 | 3 4 5 - | 2 3 4 4 | 4 3 6 5 5 |
强则生存 弱则亡， 天演公理 自 昭 彰，

1 2 3 3 | 3 4 5 - | 2 5 4 2 | 1 - - ‖
他年努力 雪国耻， 增我邦家 光。

① 1932年秋为母校作。

夜景[①]

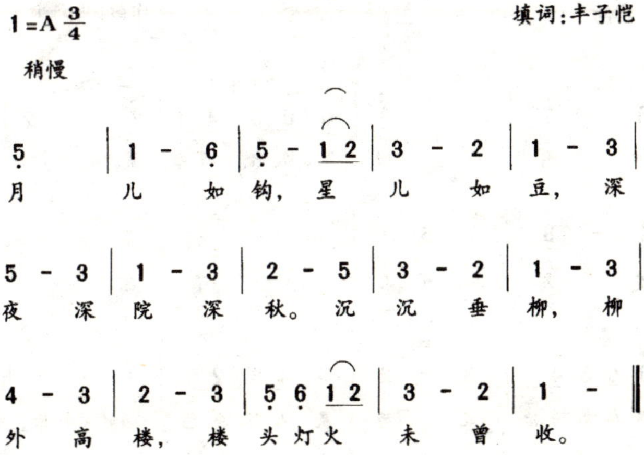

1＝A $\frac{3}{4}$

填词：丰子恺

稍慢

5 | 1 - 6 | 5 - 1 2 | 3 - 2 | 1 - 3 |

月 儿 如 钩，星 儿 如 豆，深

5 - 3 | 1 - 3 | 2 - 5 | 3 - 2 | 1 - 3 |

夜 深 院 深 秋。沉 沉 垂 柳，柳

4 - 3 | 2 - 3 | 5 6 1 2 | 3 - 2 | 1 - ‖

外 高 楼，楼 头 灯 火 未 曾 收。

① 选自丰子恺、裘梦痕合编《开明音乐教本——唱歌编》（共6本），1935年7月（上海）开明书店初版，原为五线谱，成书时改为简谱。

怀友①

1＝F $\frac{3}{4}$

稍慢

填词：丰子恺

作曲：马斯卡尼

3 - 5 | 1 - 3 | 6 6 5 4 1 | 3 - 2 |

夜　静　人　初　定，闲把旧书温。

4 - 6 | 3 5 1 | 3 - 2 | 1 - - |

才　开　卷，可喜　又　可　惊。

强

6 6 5 4 1 | 3 - 2 | 4 4 3 2 6 | 1 - 7 |

前春湖畔拾　花　瓣，夹入书中色　娇　嫩。

渐慢

1 2 3 4 5 6 7 | i · i 7 6 | 3 5 7 | 1 · i i i |

今日　依　然　存。追思往　事，黯　消　魂。对卷思

i · i i i | i · i 7 6 | 3 5 7 | 1 · (i i i |

寻，掩卷思　寻。记得同　游　有　一　人。

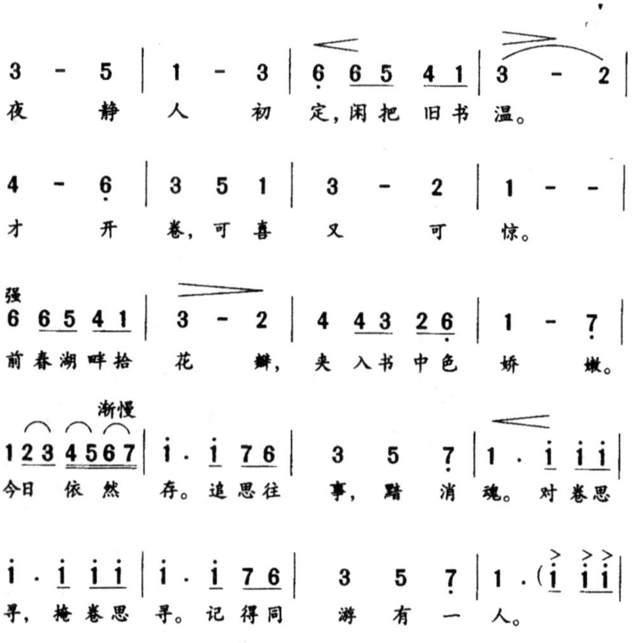

① 选自丰子恺、裘梦痕合编《开明音乐教本——唱歌编》（共6本），1935年7月（上海）开明书店初版，原为五线谱，成书时改为简谱。

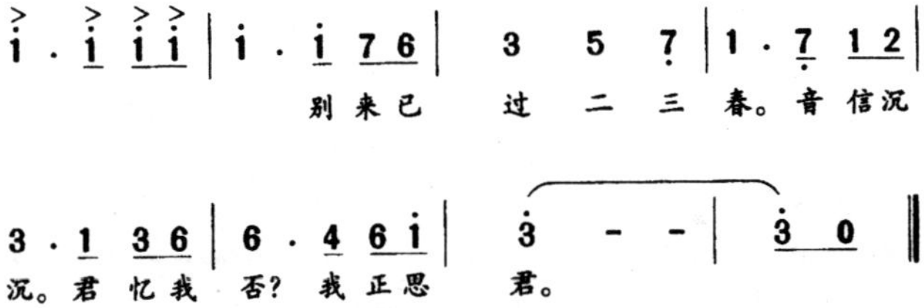

1 · 1 1 1 | 1 · 1 7 6 | 3 5 7 | 1 · 7 1 2 |

别来已 过 二 三 春。音信沉

3 · 1 3 6 | 6 · 4 6 1 | 3 - - | 3 0 ‖

沉。君 忆我 否？我 正思 君。

长城[①]

1=F 4/4

中板稍慢

填词:丰子恺

作曲:C.CROZAT CONVERSE

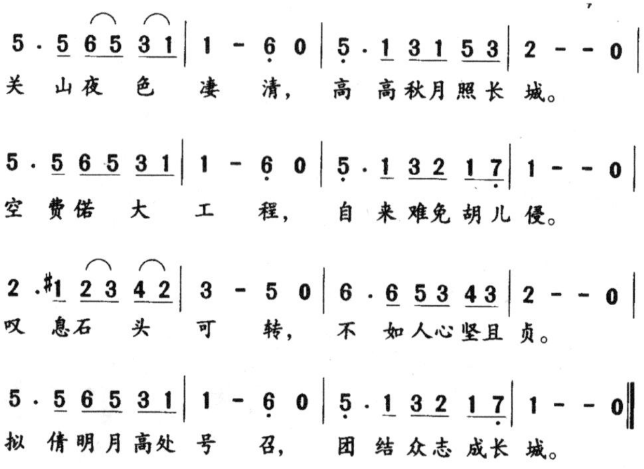

5·5 65 31 | 1 - 6 0 | 5·1 31 53 | 2 - - 0 |

关 山夜 色 凄 清, 高 高秋月照长 城。

5·5 65 31 | 1 - 6 0 | 5·1 32 17 | 1 - - 0 |

空 费偌 大 工 程, 自 来难免胡儿 侵。

2·#1 23 42 | 3 - 5 0 | 6·6 53 43 | 2 - - 0 |

叹 息石 头 可 转, 不 如人心坚且 贞。

5·5 65 31 | 1 - 6 0 | 5·1 32 17 | 1 - - 0 ‖

拟 倩明月高处 号 召, 团 结众志 成长 城。

---

① 选自丰子恺、裘梦痕合编《开明音乐教本——唱歌编》(共6本),1935年7月(上海)开明书店初版,原为五线谱,成书时改为简谱。

五月之歌[①]

1=D $\frac{4}{4}$

填词：丰子恺

作曲：MORN

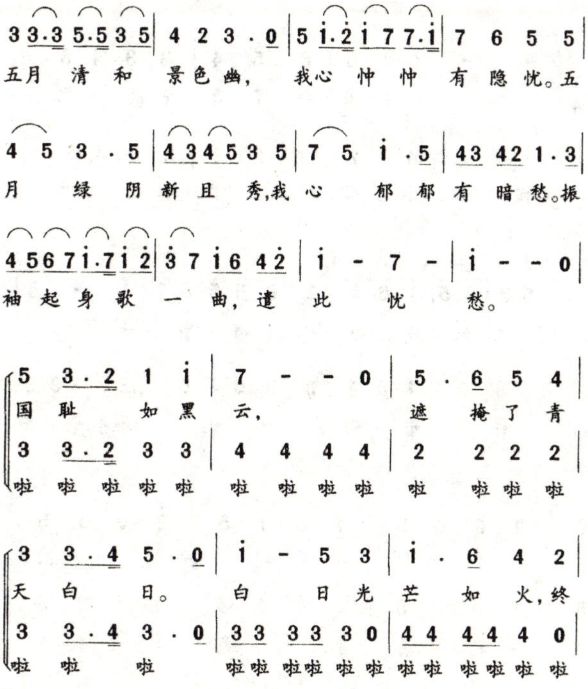

3 3·3 5·5 3 5 | 4 2 3 · 0 | 5 i·2 i 7 7·i | 7 6 5 5 |

五月 清 和 景色幽， 我心 忡 忡 有 隐 忧。五

4 5 3 · 5 | 4 3 4 5 3 5 | 7 5 i · 5 | 43 42 1 · 3 |

月 绿 阴 新 且 秀，我 心 郁 郁 有 暗 愁。振

4 5 6 7 i·7 i 2 | 3 7 i 6 4 2 | i - 7 - | i - - 0 |

袖 起 身 歌 一 曲，遣 此 忧 愁。

5 3·2 1 i | 7 - - 0 | 5 · 6 5 4 |

国 耻 如 黑 云， 遮 掩 了 青

3 3·2 3 3 | 4 4 4 4 | 2 2 2 2 |

啦 啦 啦 啦 啦 啦 啦 啦 啦 啦 啦 啦 啦

3 3·4 5 · 0 | i - 5 3 | i · 6 4 2 |

天 白 日。 白 日 光 芒 如 火，终

3 3·4 3 · 0 | 3 3 3 3 3 0 | 4 4 4 4 4 0 |

啦 啦 啦 啦 啦 啦 啦 啦 啦 啦 啦 啦 啦 啦

---

① 选自丰子恺、裘梦痕合编《开明音乐教本——唱歌编》（共6本），1935年7月（上海）开明书店初版，原为五线谱，成书时改为简谱。

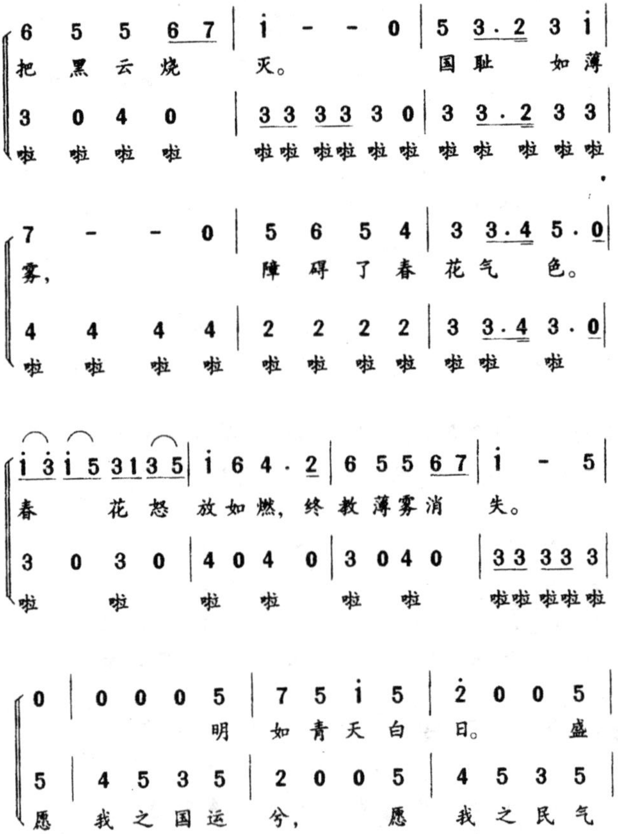

6 5 5 6 7 | i - - 0 | 5 3 · 2 3 i |
把 黑 云 烧 灭。 国 耻 如 薄
3 0 4 0 | 3 3 3 3 3 0 | 3 3 · 2 3 3 |
啦 啦 啦 啦 啦啦 啦啦 啦 啦 啦 啦 啦 啦 啦

7 - - 0 | 5 6 5 4 | 3 3 · 4 5 · 0 |
雾， 障 碍 了 春 花 气 色。
4 4 4 4 | 2 2 2 2 | 3 3 · 4 3 · 0 |
啦 啦 啦 啦 啦 啦 啦 啦 啦 啦 啦

i 3 i 5 3 1 3 5 | i 6 4 · 2 | 6 5 5 6 7 | i - 5 |
春 花 怒 放 如 燃， 终 教 薄 雾 消 失。
3 0 3 0 | 4 0 4 0 | 3 0 4 0 | 3 3 3 3 3 |
啦 啦 啦 啦 啦 啦 啦啦 啦啦 啦

0 | 0 0 0 5 | 7 5 i 5 | 2 0 0 5 |
明 如 青 天 白 日。 盛
5 | 4 5 3 5 | 2 0 0 5 | 4 5 3 5 |
愿 我 之 国 运 兮， 愿 我 之 民 气

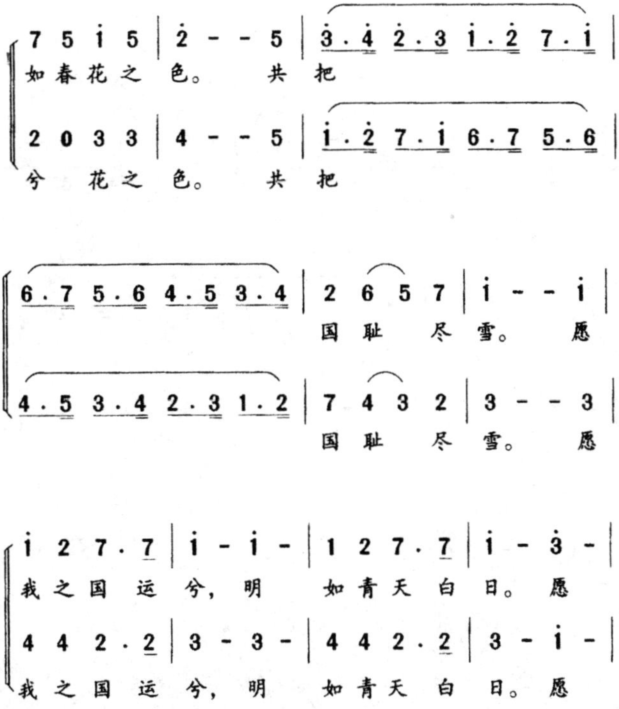

7 5 1̇ 5 | 2̇ - - 5 | 3̇.4̇ 2̇.3̇ 1̇.2̇ 7.1̇ |

如春花之色。 共 把

2 0 3 3 | 4 - - 5 | 1̇.2̇ 7.1̇ 6.7 5.6 |

兮 花之色。 共 把

6.7 5.6 4.5 3.4 | 2 6 5 7 | 1̇ - - 1̇ |

国耻 尽 雪。 愿

4.5 3.4 2.3 1.2 | 7 4 3 2 | 3 - - 3 |

国耻 尽 雪。 愿

1̇ 2 7.7 | 1̇ - 1̇ - | 1 2 7.7 | 1̇ - 3̇ - |

我之国运兮，明 如青天白日。愿

4 4 2.2 | 3 - 3 - | 4 4 2.2 | 3 - 1̇ - |

我之国运兮，明 如青天白日。愿

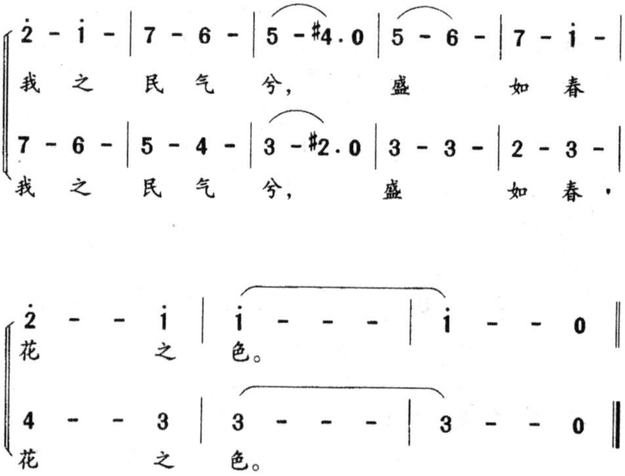

2̇ - 1̇ - | 7 - 6 - | 5 - #4 . 0 | 5 - 6 - | 7 - 1̇ - |

我 之 民 气 兮， 盛 如 春

7 - 6 - | 5 - 4 - | 3 - #2 . 0 | 3 - 3 - | 2 - 3 - |

我 之 民 气 兮， 盛 如 春，

2̇ - - 1̇ | 1̇ - - - | 1̇ - - 0 ‖

花 之 色。

4 - - 3 | 3 - - - | 3 - - 0 ‖

花 之 色。

送别[1]

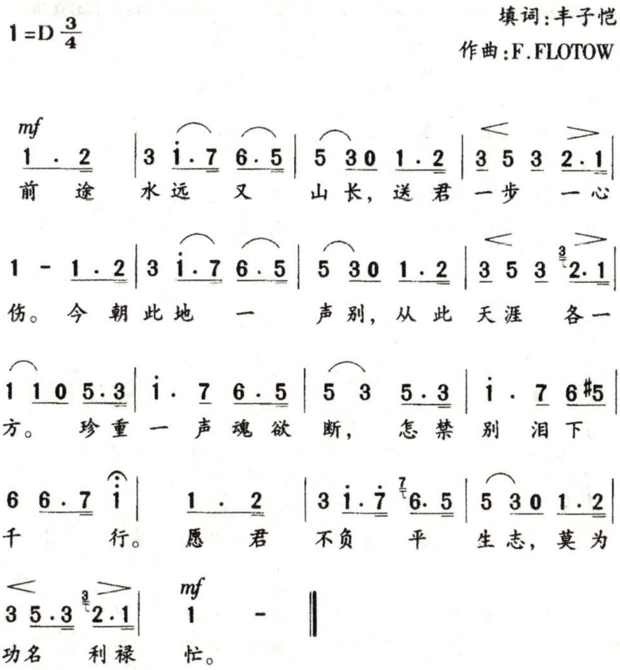

填词：丰子恺

1＝D $\frac{3}{4}$

作曲：F.FLOTOW

mf

1 · 2 | 3 i̇.7 6.5 | 5 30 1.2 | 3 5 3 2.1 |

前 途 水 远 又 山 长，送 君 一 步 一 心

1 - 1.2 | 3 i̇.7 6.5 | 5 30 1.2 | 3 5 3 2.1 |

伤。今 朝 此 地 一 声 别，从 此 天 涯 各 一

1 10 5.3 | i̇ . 7 6.5 | 5 3 5.3 | i̇ . 7 6 #5 |

方。珍 重 一 声 魂 欲 断，怎 禁 别 泪 下

6 6.7 i̇ | 1 · 2 | 3 i̇.7 6.5 | 5 30 1.2 |

千 行。愿 君 不 负 平 生 志，莫 为

3 5.3 2.1 | 1 - ‖

功 名 利 禄 忙。

---

① 选自丰子恺、裘梦痕合编《开明音乐教本——唱歌编》（共 6 本），1935 年 7 月（上海）开明书店初版，原为五线谱，成书时改为简谱。

风筝[1]

1=C $\frac{2}{4}$

填词:丰子恺
作曲:F.FLOTOW

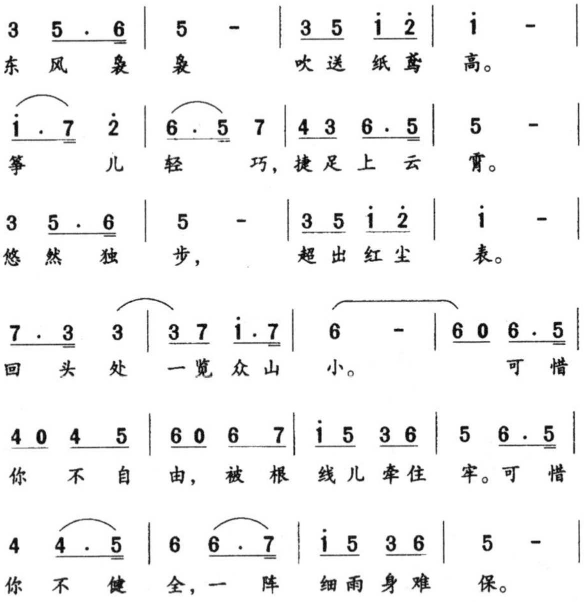

3 5·6 | 5 - | 3 5 1 2 | 1 - |
东风袅袅 吹送纸鸢高。

1·7 2 | 6·5 7 | 4 3 6·5 | 5 - |
筝儿轻巧,捷足上云霄。

3 5·6 | 5 - | 3 5 1 2 | 1 - |
悠然独步, 超出红尘表。

7·3 3 | 3 7 1·7 | 6 - | 6 0 6·5 |
回头处一览众山小。 可惜

4 0 4 5 | 6 0 6 7 | 1 5 3 6 | 5 6·5 |
你不自由,被根线儿牵住牢。可惜

4 4·5 | 6 6·7 | 1 5 3 6 | 5 - |
你不健全,一阵细雨身难保。

---

① 选自丰子恺、裘梦痕合编《开明音乐教本——唱歌编》(共6本),1935年7月(上海)开明书店初版,原为五线谱,成书时改为简谱。

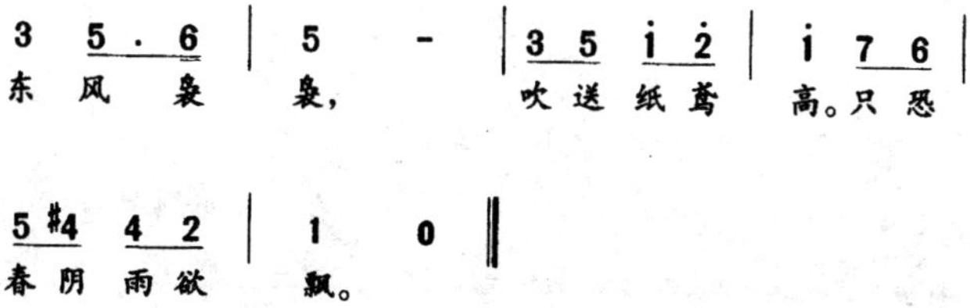

3 5·6 | 5 - | 35 i̇2̇ | i̇76 |
东风袅 袅， 吹送纸鸢 高。只恐

5♯4 42 | 1 0 ‖
春阴雨欲 飘。

浩歌①

1=A $\frac{4}{4}$

行板

填词:丰子恺

作曲:舒伯特

3 5 2.3 4 | 3 3 2171 2 5 |

当 空 发 长 矢,矢 去 如 流 电。

3 5 2.3 4 | 3 3 2342 1 - |

临 风 放 浩 歌,歌 声 随 风 散。

2 2 3.2 1 | 5 4 3 2 5 |

谁 知 数 年 后,两 者 皆 可 见。

3 5 2.3 4 | 3 3 2342 1 - ‖

歌 在 情 人 心,矢 在 老 树 干。

---

① 选自丰子恺、裘梦痕合编《开明音乐教本——唱歌编》(共6本),1935年7月(上海)开明书店初版,原为五线谱,成书时改为简谱。

游春①

1=♭E $\frac{4}{4}$

中板稍快

填词：丰子恺

作曲：约翰·P．奥德威

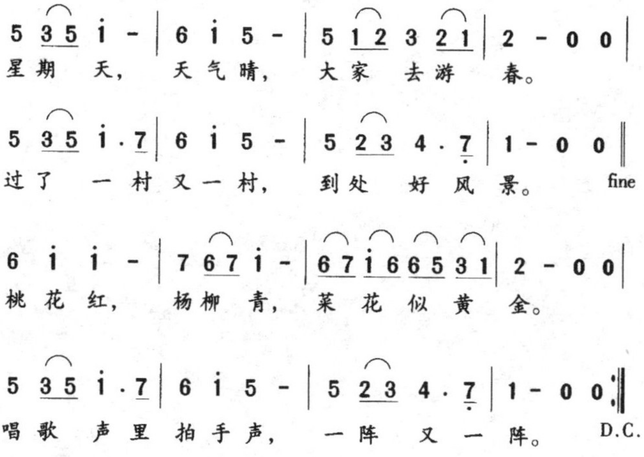

5 3 5 1̇ - | 6 1̇ 5 - | 5 1 2 3 2 1 | 2 - 0 0 |

星期 天， 天 气 晴， 大 家 去 游 春。

5 3 5 1̇ · 7 | 6 1̇ 5 - | 5 2 3 4 · 7̣ | 1 - 0 0 ‖

过了 一 村 又 一 村， 到 处 好 风 景。 fine

6 1̇ 1̇ - | 7 6 7 1̇ - | 6 7 1̇ 6 6 5 3 1 | 2 - 0 0 |

桃 花 红， 杨 柳 青， 菜 花 似 黄 金。

5 3 5 1̇ · 7 | 6 1̇ 5 - | 5 2 3 4 · 7̣ | 1 - 0 0 :‖

唱歌 声 里 拍 手 声， 一 阵 又 一 阵。 D.C.

说明：1．原曲唱到末了，还要把第一、二句反复

---

① 据丰一吟讲：“有一次，我教邻居家小朋友唱《送别》，被父亲听到，父亲感觉老师李叔同配词的《送别》凄美伤感，不太适宜儿童传唱，遂根据原曲重新配词，《游春》因此而得。”

唱一遍。即唱到“好风景”为止。整首歌不一定要反复。2.“过了一村”的“了”，宜唱成 liao（三声）音，不宜唱成轻音 le。

夏天最后的玫瑰[①]

1 = ♭A 2/4 3/4

中板稍快

托马斯·穆尔诗

爱尔兰歌曲《布拉尼树林》歌调

丰子恺译

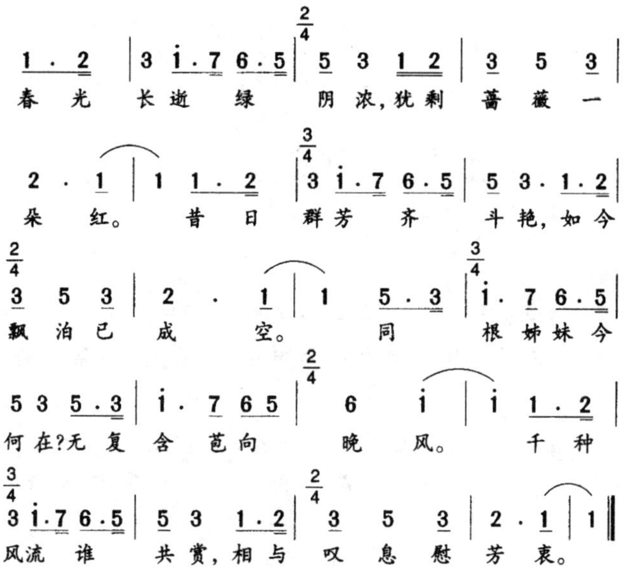

1 · 2 | 3 1̇ · 7 6 · 5 | (2/4) 5 3 1 2 | 3 5 3 |

春光长逝绿阴浓，犹剩蔷薇一

2 · 1 | 1 1 · 2 | (3/4) 3 1̇ · 7 6 · 5 | 5 3 · 1 · 2 |

朵红。昔日群芳齐斗艳，如今

(2/4) 3 5 3 | 2 · 1 | 1 5 · 3 | (3/4) 1̇ · 7 6 · 5 |

飘泊已成空。同根姊妹今

5 3 5 · 3 | 1̇ · 7 6 5 | (2/4) 6 1̇ | 1̇ 1 · 2 |

何在？无复含苞向晚风。千种

(3/4) 3 1̇ · 7 6 · 5 | 5 3 1 · 2 | (2/4) 3 5 3 | 2 · 1 | 1 ‖

风流谁共赏，相与叹息慰芳衷。

---

① 此歌是在丰子恺手稿中发现的，歌曲下面有作者注："此纸可粘在'儿时旧曲'中。"《夏天最后的玫瑰》原曲为降A调，3/4拍，丰译版本曲谱小节有所改动，收录时完全按手稿写法整理。

幼女之愿

1＝A $\frac{6}{8}$

作词:丰子恺
作曲:萧而化

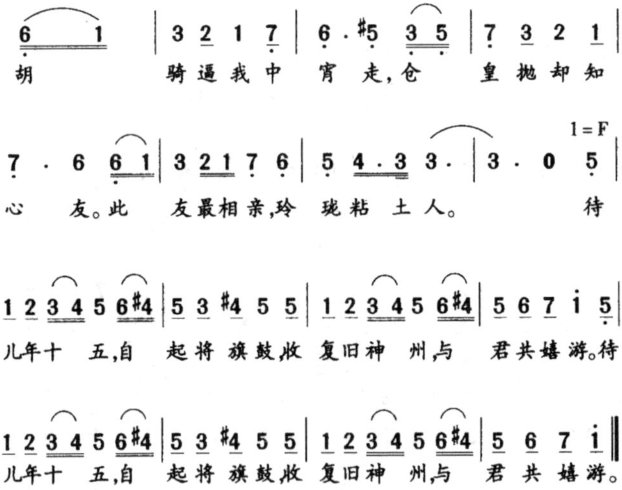

6 1 | 3 2 1 7 | 6 · #5 3 5 | 7 3 2 1 |
胡 骑逼我中 宵 走,仓 皇抛却知

1＝F
7 · 6 6 1 | 3 2 1 7 6 | 5 4 · 3 3 · | 3 · 0 5 |
心 友。此 友最相亲,玲 珑粘 土人。 待

1 2 3 4 5 6 #4 | 5 3 #4 5 5 | 1 2 3 4 5 6 #4 | 5 6 7 i 5 |
儿年十 五,自 起将旗鼓,收 复旧神 州,与 君共嬉游。待

1 2 3 4 5 6 #4 | 5 3 #4 5 5 | 1 2 3 4 5 6 #4 | 5 6 7 i ‖
儿年十 五,自 起将旗鼓,收 复旧神 州,与 君共嬉游。

我们四百兆

1=F $\frac{4}{4}$

作词：丰子恺
作曲：萧而化

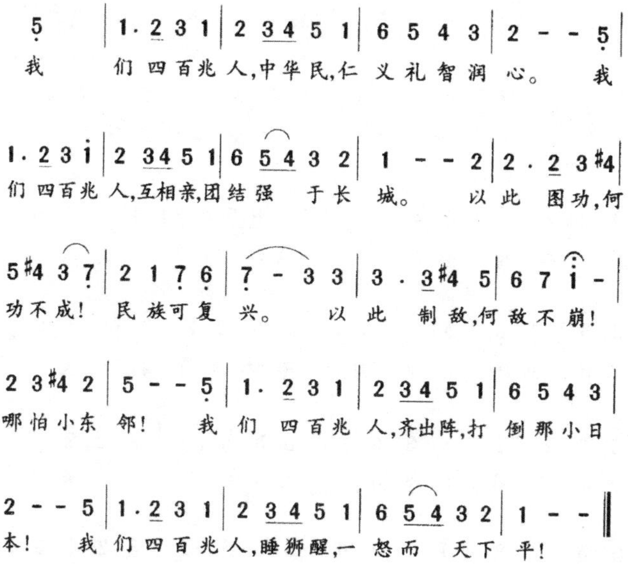

5 | 1·2 3 1 | 2 34 5 1 | 6 5 4 3 | 2 - - 5 |
我 们四百兆人，中华民，仁 义礼智润 心。 我

1·2 3 i | 2 34 5 1 | 6 54 3 2 | 1 - - 2 | 2·2 3 #4 |
们四百兆人，互相亲，团结强 于长 城。 以此 图功，何

5 #4 3 7 | 2 1 7 6 | 7 - 3 3 | 3·3 #4 5 | 6 7 i - |
功不成！ 民族可复 兴。 以 此 制敌，何敌不崩！

2 3 #4 2 | 5 - - 5 | 1·2 3 1 | 2 34 5 1 | 6 5 4 3 |
哪怕小东 邻！ 我 们 四百兆 人，齐出阵，打 倒那小日

2 - - 5 | 1·2 3 1 | 2 34 5 1 | 6 54 3 2 | 1 - - ‖
本！ 我 们四百兆人，睡狮醒，一 怒而 天下 平！

弥陀学校校歌[①]

1 =G $\frac{4}{4}$

作词：丰子恺

作曲：杨民望

5 5 1 · 2 | 3 3 3 0 | 5 5 5 · 1 | 3 2 2 0 |

南国风光月月春，南国青年日日新。

5 5 1 · 2 | 3 3 3 0 | 5 5 5 · 1 | 3 2 1 0 |

三宝庄严垂万古，弥陀慧业无等伦。

3 3 2 · 3 | 4 4 3 0 | 5 5 6 5 4 3 | 3 2 2 5 |

人人勤修世间法，习劳敬业而乐群。

6 6 7 1 6 | 5 1 2 3 0 | 5 5 3 2 | 3 #4 5 0 |

琢磨道德光祖国，研究学问利群生。

5 5 1 · 2 | 3 3 3 0 | 5 5 5 · 1 | 3 2 2 0 |

今日门庭桃李花，他年松柏永青青。

5 5 1 · 2 | 3 3 3 0 | 5 5 5 · 1 | 3 2 1 0 ‖

南国风光月月春，南国青年日日新。

---

① 选自《弥陀学校建校十周年暨图书馆落成纪念刊》，［新加坡］弥陀学校编印，1964 年 5 月出版。

桂林师范学校校歌[①]

1=C $\frac{4}{4}$

作词:丰子恺

作曲:沈秉廉

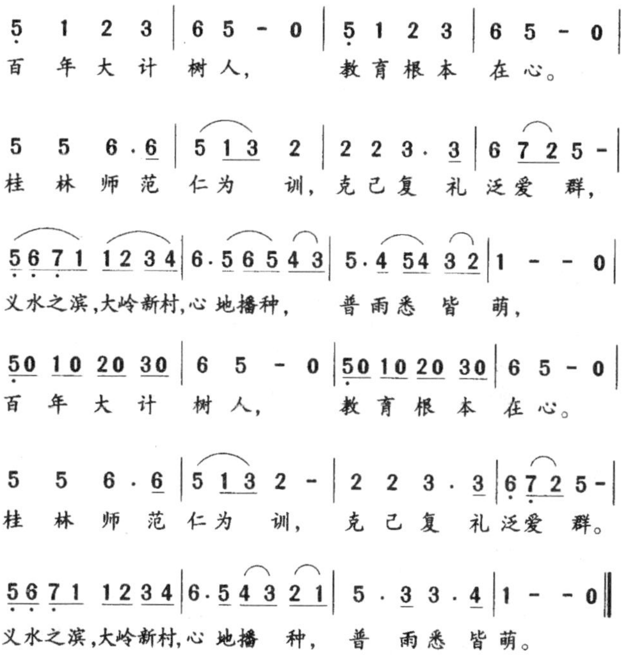

5 1 2 3 | 6 5 - 0 | 5 1 2 3 | 6 5 - 0 |

百年大计树人,教育根本在心。

5 5 6·6 | 5 1 3 2 | 2 2 3·3 | 6 7 2 5 - |

桂林师范仁为训,克己复礼泛爱群,

5 6 7 1 1 2 3 4 | 6·5 6 5 4 3 | 5·4 5 4 3 2 | 1 - - 0 |

义水之滨,大岭新村,心地播种,普雨悉皆萌,

5 0 1 0 2 0 3 0 | 6 5 - 0 | 5 0 1 0 2 0 3 0 | 6 5 - 0 |

百年大计树人,教育根本在心。

5 5 6·6 | 5 1 3 2 - | 2 2 3·3 | 6 7 2 5 - |

桂林师范仁为训,克己复礼泛爱群。

5 6 7 1 1 2 3 4 | 6·5 4 3 2 1 | 5·3 3·4 | 1 - - 0 ‖

义水之滨,大岭新村,心地播种,普雨悉皆萌。

---

① 此校歌系作者1938年在桂林师范学校任教时所作。

广西全县国民中学校歌[①]

——丰子恺作词

励勤朴兮贵劳歉，全县国民体魄健。崇信义兮尚仁爱，全县国民道德全。健健健，日日健，全全全，日日全。精神物质本无偏，试看湘漓分流共一源。

① 作者配词于 1938 ~1939 年间，曲谱根据 F. 贝拉《我的诺曼底》改作，因资料不全，未录。

庆祝胜利[1]

孙启名作曲丰子恺作词

少年们组织游行队，庆祝前线大胜利！少年们组织游行队，庆祝胜利真欢喜。将士的血肉博得这个胜利，将士的性命博得这种欢喜。庆祝胜利，要加倍努力勉励，为先烈们吐气。

① 选自《音专通讯》第二卷第一期，1941 年 4 月 15 日福建省立音专编辑室编。曲语因资料不全，未录。